# Tasty Danang· Hoian
## 테이스티 다낭 · 호이안

알고 먹으면 더 맛있는 베트남 음식

일러두기

<테이스티 다낭·호이안> 책의 내용 중 잘못된 부분은 아래의 이메일로 연락해 주시면 개정판에 반영하여 더 정확한 책을 만들 수 있도록 노력하겠습니다.

베트남어 발음 표기는 외래어 표기법을 따르거나 최대한 현지어의 소리와 비슷하게 표기하였습니다.

테이스티 다낭·호이안

알고 먹으면 더 맛있는 베트남 음식

초판 발행 2024년 11월 30일

지은이 황성민, 송정진

펴낸 곳 별하문화

디자인 별하문화

출판신고 제 2021-000128호

이메일 haram4th@gmail.com

ISBN 979-11-987825-1-9

Published by Byeolhamunhwa.

Copyright ⓒ 2024 황성민, 송정진, 별하문화

이 책의 저작권은 황성민, 송정진, 별하문화에 있습니다.

저작권법에 따라 보호를 받는 저작물이므로 무단 복제 및 무단 전재를 금합니다.

# 목차

프롤로그(작가의 말)

## Part1. 베트남 음식 궁금해하기

- 간략히 보는 베트남 역사
- 지리로 보는 베트남 음식의 특징
- 재료로 보는 베트남 음식의 특징
- 중부 대표 도시 다낭, 호이안, 후에 지방 음식의 특징

## Part2. 베트남 음식 구분하기

- 재료에 따른 구분
- 조리법 및 먹는 방법에 따른 구분
- 베트남 메뉴판 읽기

## Part3. 베트남 현지식당 이용하기

- 베트남 식사 예절
- 현지식당 이용 시 알아두기
- 식당에서 쓰는 간단한 베트남어 한마디

## Part4. 다낭 호이안에서 꼭 먹어보기

- 베트남 최고의 부와 명예를 보여주는 까오러우
- 치이익 소리가 담겨 있는 음식 반쎄오
- 얼마나 맛있으면 음식 이름이 곧 지역명? 미꽝
- 방심하다 큰코다치는 맛! 분보후에
- 탱글탱글한 맛이 살아 있는 어묵이 담긴 분짜까
- 눈과 입이 즐거워지는, 호이안 다낭에서 먹어볼 네 그릇의 접시

## Part5. 알고 먹으면 더 맛있는 베트남 음식 알아보기

- 베트남 음식 중 전 세계적으로 가장 유명한 퍼
- 찍먹파는 분짜, 부먹파는 분팃느엉
- 겉은 바삭, 속은 촉촉 반미
- 숟가락으로 먹는 국수. 반 깐
- 금세 한 접시 뚝딱, 고이꾸온, 반남, 반잇
- 무지개를 닮은 쏘이
- 든든하게 밥을 먹고 싶다면, 껌

## Part6. 여유를 즐겨보기

- 베트남 커피 어떻게 즐겨야 할까?
- 커피 말고 티(Tea) 즐기기
- 시원하게 즐기는 간식

## 프롤로그

최근 한국에 베트남 음식점들이 많이 생겼다. 우리나라 사람들이 가장 많이 해외여행을 떠나는 국가가 일본과 베트남이라 하니 어찌 보면 당연한 일인 것 같다. 그런데 베트남을 여행하고 한국에 돌아와서도 쌀국수나 반미, 분짜처럼 유명한 음식 몇 개 말고는 베트남 음식에 대해 잘 모른다. 심지어 베트남 음식을 보면서 태국 음식이라고 하는 사람도 있다.

동남아시아 음식은 얼핏 보면 비슷해 보인다. 하나의 커다란 반도 안에 강과 산맥을 끼고 나라들이 가까이 붙어 있으니 너무나도 당연한 일이다. 그래서 어떤 사람들은 '동남아시아 음식은 다 거기서 거기'라고 생각하기도 한다. 우리나라와 가까이 있는 중국과 일본도 우리나라와 비슷한 음식을 가지고 있다. 그런데 외국인이 와서 '너희 나라 세 음식은 다 거기서 거기'라고 이야기한다면 기분이 어떨까? 이 책을 쓰게 된 계기는 바로 여기에서 시작되었다.

<테이스티 다낭·호이안>은 총 6개 파트의 '~하기'로 구성되어 있다. 첫 번째는 '베트남 음식 궁금해하기'이다. 베트남 음식문화에 대한 개괄과 베트남 중부지역 중 한국인이 가장 많이 여행을 떠나는 다낭, 호이안, 후에 지방의 음식문화에 대해 알아보는 파트이다. 두 번째는 '베트남 음식 구분하기'이다. 베트남 로컬 음식점에는 영어 메뉴판이 거의 없다. 다행인 것은 베트남에서 사용하는 글자는 로마자를 활용해 만들어진 글자이기에 성조까지 읽을 수는 없어도 글자를 '읽을 수'는 있게 된다. 따라서 두 번째 파트를 통해 베트남 음식을 구분

할 수 있게 될 것이다. 그렇다면 이제는 실행하기이다. 세 번째 파트는 '베트남 현지 식당 이용하기'이다. 베트남에도 지켜야 할 예절과 현지 식당만의 문화가 있다. 잘 모른다면 서로 오해를 일으킬 수 있으니 알아두고 가면 좋다. 네 번째 파트는 '다낭 호이안에서 꼭 먹어보기'이다. 베트남 중부의 음식을 북부와 남부에서도 찾을 수 있지만 중부만의 특색을 갖춘 음식은 그 지역에서 먹었을 때 가장 맛있다. 또한 지역색과 더불어 지역문화에 얽힌 이야기들도 많아 재미있게 음식을 즐길 수 있다. 다섯 번째 파트는 '알고 먹으면 더 맛있는 베트남 음식 알아보기'이다. 중부지역에서 유래된 것은 아니어도 워낙 유명한 베트남 음식이어서 베트남 전역에서 맛볼 수 있는 음식들을 소개한다. 또한 이 음식들에 관해 이야기하다 보면 베트남의 지리, 역사, 문화가 담기게 마련이다. 그냥 먹으면 음식이지만 알고 먹으면 문화가 된다. 마지막 파트는 '여유를 즐겨보기'이다. 무더운 베트남에서는 시시때때로 스페인의 시에스타처럼 여유로운 시간을 보내야 더 즐겁게 여행을 즐길 수 있다. 이때 즐기게 되는 커피와 디저트에 관한 이야기들을 담았다.

여행작가라는 직업상 여러 번 베트남을 방문하였지만, 베트남 음식에 관한 책을 쓰기 전까지 베트남 음식은 내게 그저 '여행지에서의 음식'에 불과했다. 하지만 책을 쓰면서 나는 변해갔다. 물론 모든 베트남 음식을 사랑하게 되었다는 드라마틱한 이야기는 아니다. 다만 편협한 시야가 좀 더 넓어졌을 뿐이다. 그런데 이 시야를 넓힌 순간 베트남 음식이 내게 좀 더 특별해진 건 사실이다.

 베트남을 여행하게 될 누군가에게 이 책이, 그렇게 베트남을 이해할 수 있는 작은 발판이 되기를 희망한다.

Part
01

베트남 음식
궁금해하기

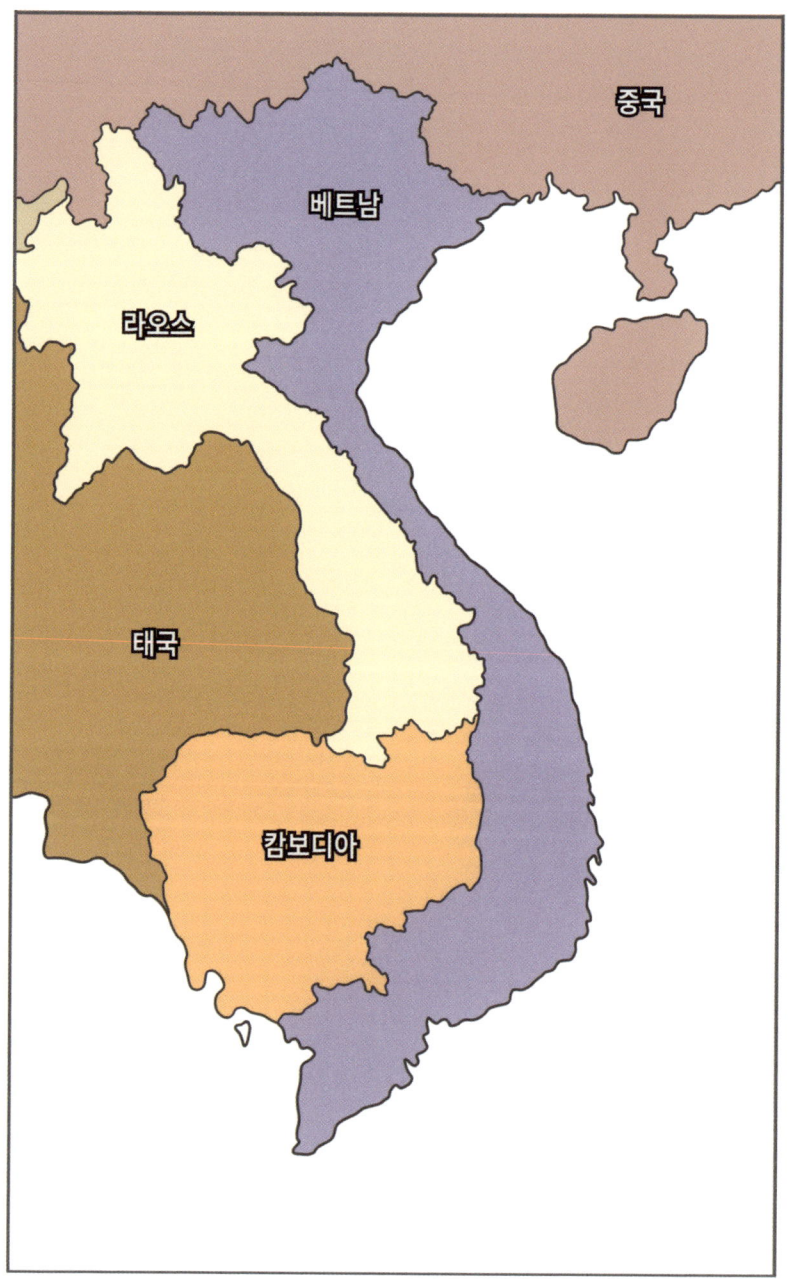

## • 간략히 보는 베트남 역사

어느 나라나 마찬가지이지만 베트남 역사에 대한 개괄은 베트남 문화를 이해하는 밑바탕이 된다. 때문에 간략히 베트남 역사에 대해 짚고 가도록 하자.

### - 고대

인류가 거주하기 좋은 환경인 베트남은 구석기시대부터 인류가 살아왔다. 우리네 고조선 건국 이야기처럼 베트남도 건국 이야기를 통해 문명이 시작됨을 알 수 있는데, 베트남 건국 설화는 다음과 같다.

" 바다의 신(혹은 용의 아들) 락 롱퀸(Lạc Long Quân)은 산의 신(혹은 산신의 딸) 어우 꺼(Âu Cơ)와 혼인하여 하나의 알을 낳았는데, 그 알에는 100개의 알이 들어 있었다. 100개의 알에서 태어난 100명의 아들 중 반은 아버지를 따라 바다로 나머지 반은 어머니를 따라 산으로 가게 되었는데, 그 중 첫째 아들인 흥(Hùng)이 오늘날 베트남 북부 푸토(phu tho)성에 베트남 최초의 왕조 반랑 왕조(Văn Lang)을 세웠다"

건국 신화에서 보듯 바다와 산은 베트남 사람들에게 단순한 지리와 환경이 아닌 그들의 뿌리라고 생각한다는 것을 알 수 있다. 때문에 그들의 뿌리이자 시작인 반랑 왕조의 첫 번째 흥왕은 우리나라 단군왕검에 해당하는 건국시조로서, 베트남에서는 음력 3월 10일이면 흥왕의 기일 제사인 '지오 토 흥 브엉(Giỗ Tổ Hùng Vương)'을 지낸다.

동남아시아 청동기 문명을 대표하는 동선 문화는 기원전 300년경 베트남 북부를 비롯해 동남아시아 여러 지역에 정착하게 되는데, 베트남 최초의 왕조였던 반랑 왕조가 기원전 258년 어우락(Au Lac)국에게 멸망되기 전까지 홍강 유역을 중심으로 동선 문화 속에서 세력을 확장해 나갔다.

어우락국은 기원전 207년, 중국의 지방행정 지배자가 세운 남월국에 정복되었고 남월국이 한(漢)나라에 멸망된 뒤에는 한나라의 지배를 받게 되었다(기원전 111년). 기원후 938년까지 천 년 넘게 중국의 지배를 받아오면서 중국의 영향을 크게 받게 되었고, 중국의 문자 및 문화가 베트남에 자리 잡게 되었다. 특히 유교가 크게 발전하게 되어 충(忠), 효(孝)가 베트남 사람들에게 큰 가치가 되었고 이는 오늘날에도 가족 문화를 중시하는 베트남 문화에 큰 영향을 끼쳤다.

한편 중남부에서는 각각 다른 왕조가 만들어졌는데 중부는 지금의 후에 지방을 중심으로 참파 왕국(192~1471)이 남부에서는 크메르족의 푸난 왕국(약 1세기~550)이 세워졌다. 인도 문화의 영향을 많이 받았기 때문에 중남부에서는 힌두교 문화를 엿볼 수 있는 유적지들을 찾아볼 수 있다.
중남부 지역은 지리적 이점을 통해 중국과 중동, 서양의 무역을 연계하는 중계무역 도시로 자리매김하였으나 북부 왕조들에 연이어 점령당하게 되면서 떠이선 왕조 시대에 지금의 베트남 영역이 만들어지게 된다.

## - 중세

천년의 세월 동안 중국으로부터 독립하고자 하는 저항들은 꾸준히 있어 왔다. 대표적으로는 40년에 시작되어 4년간 이어졌던 쯩(Trưng) 자매의 난이 있다. 하지만 중국으로부터의 해방은 938년 응오꾸옌(Ngô Quyền)의 박당강 전투에서의 승리로 응오왕조를 세우며 비로소 이루게 된다. 어렵게 이룩한 해방이었지만 그의 사후 왕위 찬탈이 이어지면서 30년도 채 되지 않아 968년에 딘 왕조에 의해 응오 왕조가 멸망한다. 이후 짧은 통치 기간의 딘 왕조(968~980), 레 왕조(980~1009)가 연달아 베트남을 지배하게 된다.

1010년 장군이던 리꽁우언에 의해 하노이에서 일어난 리 왕조는 국호를 대월(다이비엣, 大越)로 바꾼다. 리 왕조는 문학과 예술을 장려하고 유교적 이념을 장려하였던 왕조이다. 앞선 왕조들에 비해 1225년까지 장기간 집권하였으나 농민반란으로 멸망하고, 호족 출신 쩐씨(氏)에 의해 쩐 왕조(1225~1400)가 시작된다. 쩐 왕조 당시 전 세계를 휩쓴 몽골족의 침략은 베트남에도 휘몰아쳤으며, 쩐흥다오(Trần Hưng Đạo)장군은 세 차례의 몽골군 침입을 막아낸 위대한 영웅으로 지금도 칭송받고 있다. 몽골군을 몰아낸 쩐 왕조는 베트남 고유 문자인 쯔놈을 만들고 농업과 상공업을 발달시켜 나라를 융성케하였지만 원나라와의 오랜 전쟁과 기근으로 멸망하게 된다.
쩐 왕조 이후의 호 왕조는 명나라의 침공을 막지 못하고 지배당하게 되는데, 이때 베트남 고유문화와 풍속을 배척하고 중국 문화를 강요하게 되자 각지에서 봉기하여 1428년 호족이었던 레러이(Lê Lợi)를 중심으로 레 왕조(후기 레 왕조)를 세우게 된다.

불행히도 레 왕조는 1558년부터 북쪽은 찐(Trịnh)왕가, 남쪽은 응우옌(Nguyễn)왕가로 나누어져 약 200년을 대치하게 된다. 이는 결국 농민 항쟁으로 이어져 1777년 레 왕조가 멸망하고 떠이선 왕조(Tây Sơn)가 들어서게 된다.

**근대**

떠이선 왕조에 의해 몰락하였던 응우옌 왕가의 응우옌푹아인(Nguyễn Phúc Ánh)은 간신히 살아남은 뒤 절치부심으로 프랑스 선교사, 농민의 지지를 얻고 14년이라는 세월을 견디며 떠이선 왕조와 싸우게 된다. 그리고 마침내 1802년 떠이선 왕조의 내분을 이용해 멸망시키고 베트남 마지막 왕조 응우옌(Nguyễn) 왕조를 수립한다.

응우옌 왕조는 나라의 이름을 남월(남비엣)에서 월남(비엣남)으로 개칭하고 이것이 우리가 오늘날 베트남이라고 부르게 되는 국가명이 된다.

나라를 되찾을 때 프랑스 선교사의 도움을 받았기에 이 시기 선교사들이 카톨릭을 베트남에 전파하기 시작하였고, 유교 국가를 꿈꾸었던 2대 민망 황제부터는 프랑스에 적대적인 정책을 펼치게 된다. 이는 곧 카톨릭 보호라는 구실로 프랑스가 베트남에 무력으로 개입하는 일이 벌어졌고 1884년 보호령 조약에 서명하면서 프랑스의 식민지가 되어버린다.

## 현대

1945년 8월 일본의 무조건 항복으로 제2차세계대전이 종식될 때까지 베트남은 프랑스의 지배 아래 여느 식민지와 마찬가지로 착취당하게 된다. 불평등 관세 제도 및 차별 정책, 친불 세력을 키워 민족 간 갈등을 조장하고 프랑스가 수출할 품목들을 베트남 내에서 대규모 농장으로 키워내는 등 대대적인 식민지 정책을 펼쳤다.

1945년 9월 베트남은 프랑스로부터의 독립을 선포하고 베트남 민주 공화국을 선포한다. 이에 프랑스와 제1차 인도차이나 전쟁을 벌이게 되고, 1954년 디엔비엔푸 전투에서 베트남이 승리하게 되면서 드디어 독립을 맞이하게 된다. 하지만 제네바 협정을 통해 베트남이 다시 남북으로 갈라지게 되고 베트남은 또다시 미국과 제2차 인도차이나 전쟁을 치러야 했다. 1964년부터 1975년까지 미국과의 치열한 전쟁 끝에 끈질긴 저항으로 맞선 베트남이 승리하게 되었고 남베트남을 북베트남이 점령하게 되면서 베트남 사회주의 공화국을 수립하게 되었다.

## • 지리로 보는 베트남 음식의 특징

인도차이나반도 국가 중 하나인 베트남은 이웃하는 나라들인 라오스, 캄보디아, 태국, 미얀마, 말레이시아와 오랜 시간 더불어 살아왔다. 국경이 무색할 만큼 가까이 맞붙어 있는 인도차이나반도 국가들은 고온다습한 전형적인 열대기후이기에 비슷한 자연환경 속에서 비슷한 음식문화를 공유하게 되었다. 실제로 베트남 인근 나라들을 여행하다 보면 '어디서 본 음식인데?' 하는 생각이 들 만큼 음식 명칭만 다르고 모습이 비슷한 음식들을 많이 볼 수 있다.

 여느 국가들과 마찬가지로 인도차이나반도 국가들도 역사 속에서 전쟁의 승패로 지리적 경계선을 달리하였지만, 오늘날 이들 국가의 지리적 경계는 메콩강과 산맥 줄기로 나뉘게 되었다. 물론 제국주의 나라들에 의해 갈라지게 된 지역들도 있지만 말이다.

베트남은 우리나라 태백산맥처럼 안남산맥이 척추처럼 자리하고 있다. 특히 북부에 고원지대를 형성하고 있어 중남부 해안 저지대와는 또 다른 자연환경을 형성한다. 이는 재료의 다양화와 더불어 북부와 중남부 요리 문화의 가장 큰 차이점을 만들게 하였다.

베트남 북부는 수도 하노이를 품고 있는 곳이다. 철분이 많아 붉은 흙이 섞여 흐르는 홍강은 우리네 한강처럼 하노이 시내를 가로지른다. 중국 윈난성에서 발원해 흘러들어온 홍강은 많은 진흙을 운반해 오며 하류에 이르러 삼각주를 형성한다.

베트남 북부는 중국과 산악지대를 경계로 나누어지는데, 특히 북서부 일대의 판시판산은 인도차이나반도 최고봉이기도 하다. 북동부 지역은 석회암질 구릉지로 오랜 시간 침식을 거쳐 카르스트 지형을 만들었고, 이는 하롱베이의 아름다운 장관을 만들어 내었다.

오늘날 중부지방을 대표하는 도시는 두말할 것 없이 다낭이다. 쯔엉선산맥이 중부 위아래로 뻗어 있어 동쪽은 해안선을 길게 끼고 있는 반면, 서쪽은 산으로 길게 뻗어 있다.

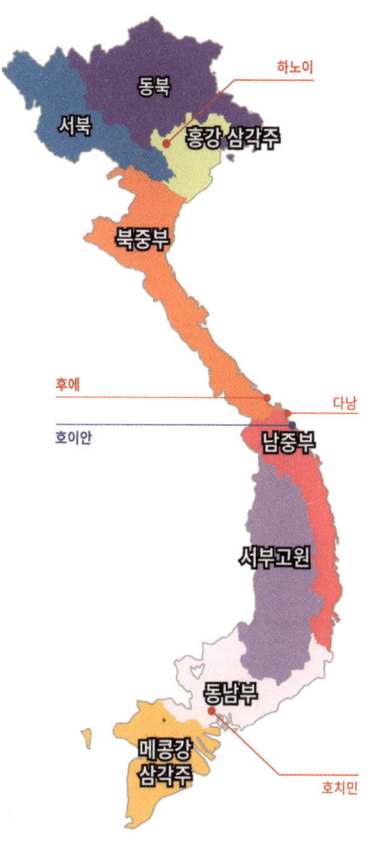

남부는 인도차이나반도의 어머니 강 메콩강의 끝 지점으로, 메콩강 삼각주를 품고 있다. 티베트고원에서 시작된 메콩강이 여러 나라를 거쳐 이곳에 이르게 되는데, 그야말로 대곡창 지대를 대표하는 곳이라 할 수 있겠다.

남부를 대표하는 도시는 호치민이다. 사이공강이 유유히 흐르는 이곳은 평야 지대가 펼쳐져 있고, 비옥한 토양은 풍요로움을 연상케 한다. 대부분 열대지방인 베트남에서 온대지역에 속하는 북부는 상대적으

• 지리로 보는 베트남 음식의 특징 23

로 추운 기후로 음식 재료가 중남부에 비해 풍부하지 않아 북부 지방의 요리는 중남부 지방의 요리에 비해 재료의 쓰임이 간결하고 소스도 주로 간장 베이스이다.

풍부한 음식 재료가 나는 중남부 지방의 요리는 향신료의 쓰임이 다양하고 간이 대체로 달고 강하다. 예를 들면 같은 쌀국수 퍼(phở) 요리일지라도 북부 쌀국수 퍼는 육수가 맑고 쪽파가 푸짐하게 올라가 있지만, 중남부 쌀국수 퍼는 육수의 간이 달고 강하며 다양한 향채와 더불어 절임 요리가 풍성하게 올라간다.

중부지방은 향신료 재배가 잘 되어 풍부하게 향신료를 사용하는 편인데 특히 후추와 매운 고추 산지로 유명하다. 베트남 남부는 비옥한 토지를 갖춘 삼각주와 더불어 따뜻한 날씨를 가진 덕분에 다양하고 풍성한 식재료의 재배가 가능하였다. 또한 설탕을 많이 사용하여 간이 달고 코코넛 밀크를 사용하는 음식이 많다.

 지리적 환경과 더불어 인접 국가의 영향도 크다. 북부는 중국과 바로 맞닿아 있는 만큼 중국 남부 지방 요리의 영향을 많이 받게 되었고 중남부 지역은 해상무역을 통해 여러 나라의 요리 문화가 융합되었는데, 특히 베트남 중남부를 참파 왕국이 지배하던 시대에 인도 식재료 문화를 많이 받아들였다.

## • 재료로 보는 베트남 음식의 특징

쌀국수를 만드는 모습

오늘날 우리가 베트남 음식 하면 떠오르는 대표적 재료인 쌀국수 면은 베트남 식재료 문화의 특성을 잘 보여주면서도 베트남의 가난을 이야기할 때 종종 언급되는 재료라 아이러니하다. 일 년에 삼모작이 가능할 만큼 쌀 생산량이 풍부한 나라이기에 베트남 음식의 주재료가 '쌀'임은 분명하다. 하지만 쌀국수 면을 만들 때 사용되는 쌀은 대부분 깨지거나 품질이 좀 더 낮은 것을 갈아서 일명 라이스 밀크(rice milk)로 만들고 전분을 섞은 뒤 얇게 펴서 익힌다. 이후 이것을 식힌 뒤 썰면 생면이 되고, 말린 뒤 썰어내면 건면이 된다. 즉, 적은 쌀로 많은 사람이 먹을 수 있는 음식을 만들 수 있는 것이다.

베트남어로 안껌(ăn cơm)은 '식사하다'라는 의미이다. 껌(cơm)은 '쌀로 지은 밥'이란 뜻으로 베트남 사람들에게 주식은 쌀국수가 아닌 쌀이라는 것을 알 수 있다.

실제로 껌빈전(cơm bình dân)이란 음식은 우리나라로 치면 '백반'인데 베트남 전역 어디에서나 쉽게 볼 수 있는 밥집이다. 즉, 쌀국수는 주식이라기보다는 아침이나 식사 중간에 먹는 음식이라고 생각해야 한다. 국수 문화는 베트남이 열강에 침략당하기 전 이미 베트남에 존재했던 음식 문화였으나 베트남이 역사적으로 곤궁했던 시기 많은 서민을 구해준 음식이 되어 주었다.

젓갈 발효 통

또 다른 대표적 재료는 액젓인 느억맘(nước mắm)이다. 약 3,200킬로미터의 해안선을 접하고 있는 나라답게 해산물을 이용한 음식이 많고 특히 무수히 잡히는 생선을 젓갈로 만들어 먹었다. 느억맘을 음식에 첨가하면 풍미를 돋우어 주고 심지어 훌륭한 단백질원이 되어 준다. 따라서 베트남 음식에서 느억맘은 가장 기본 소스로 자리 자리 잡게 되었다. 느억맘은 물, 라임 및 설탕 등을 추가하여 달콤새콤하게 먹는 것이 기본이고 여기에 마늘, 고추 등을 추가하여 매콤하게 먹기도 한다. 이런 소스들은 우리나라 간장 소스처럼 찍어 먹는 음식에 항상 곁들임으로 나온다.

 농업국가의 특성 중 하나는 농사에 필요한 동물인 소를 이용한 음식이 적다는 것이다. 이 때문에 베트남에서도 해산물과 닭을 이용한 음식이 많았다. 하지만 중국과의 교역 및 관계 속에서 돼지고기 음식 문화가 발달하게 되었고 이후 프랑스 점령 시기에는 소고기를 이용한 음식도 널리 퍼지게 되어 오늘날 다양한 음식들이 베트남 요리 문화에서 등장하게 되는 발판이 되었다.

## • 중부 대표 도시 다낭, 호이안, 후에 지방 음식의 특징

**다낭**

베트남 중남부 지방의 대표 도시이자 참파 왕국의 힌두교 사원이 모여있는 미선(Myson) 유적지와도 가까운 다낭은 현재 베트남을 대표하는 항구도시 중 하나이다. 베트남의 척추 산맥이라 일컬어지는 안남 산맥의 영향으로 북서쪽에 주로 산맥이 형성되어 있고 동쪽은 길게 해변을 끼고 있어 중남부의 대표 휴양지이기도 하다.

다낭은 다양하고 풍성한 해산물 요리를 만끽하기에 제격인 곳이다. 그렇지만 다낭을 대표하는 음식들도 빼놓아선 안 된다. 다낭을 대표하는 요리들은 향신료 재배가 발달한 중부답게 매콤하고 간이 센 음식들이 많으며 쫀득한 어묵이 들어간 매콤한 국수 '분짜까', 녹두와 강황이 들어가 있어 인도 음식문화의 영향을 받았음을 보여주는 '미꽝', '반쎄오' 등이 유명하다.

까오러우 면

## 호이안

유네스코 세계문화유산으로 지정된 올드타운이 있는 호이안은 한때 베트남 중남부의 가장 큰 항구도시로서 중국, 일본, 네덜란드, 인도 등 여러 나라에서 온 상인들이 북적이던 국제 무역도시였다. 특히 중국과 일본 상인들이 많이 거주하던 지역이었던 만큼 두 나라의 영향을 받은 음식들이 생겨났다. '까오러우'가 이를 보여주는 가장 대표적인 음식이며 예전에는 호이안에서만 먹을 수 있었다. 그 외에도 '반바오반박', '호안탄찌엔' 등이 있다.

후에 고추

## 후에

1802년부터 1945년까지 응우옌왕조의 수도였으며 이로 인해 장식적이고 화려한 궁중요리가 발달하였다. 또한 특이하게도 불교문화의 영향으로 중부에서 가장 많이 채식 식당을 찾아볼 수 있다.

후에 지방의 고추는 맵기로 유명한데 햇빛이 강하고 강수량이 적기 때문이다. 이 때문에 후에를 대표하는 요리 중 하나인 '분보후에'는 맑은 육수임에도 아주 매콤하다. 그 외에도 꼬치구이인 '냄느엉', 반쎄오와 많이 닮은 '반코아이', 작은 접시에 쌀 반죽을 쪄서 여러 고명을 올려 먹는 '반베오' 등이 유명하다.

Part
02

# 베트남 음식 구분하기

• **재료에 따른 구분**

### 1. 팃(thịt)
'고기'를 뜻하는 말로 뒤에 붙는 것에 따라 고기 종류와 부위가 달라진다.

| | |
|---|---|
| 팃 헤오 thịt heo | 돼지고기, 북부에서는 팃 런(thịt lợn) |
| 팃 데 thịt de | 염소 고기 |
| 팃 보 thịt bò | 소고기 |
| 팃 까 thịt gà | 닭고기 |
| 팃 빋 Thịt vịt | 오리고기, 거위는 응안(ngan) |
| 팃 낙 thịt nạc | 살코기 |
| 남 nầm | 안심 |
| 탄 thăn | 등심 |

### 2 쯩(trứng)
달걀. 계란 후라이라는 뜻의 쯩 옵 라(Trứng ốp la)는 자주 쓰인다.

### 3. 더우 후(đậu hũ)
두부는 빠질 수 없는 베트남 음식 재료 중 하나다. 더우(đậu) 한 글자로만 쓰기도 하고 더우 푸(đậu phụ)라고도 쓴다.

### 3. 하이산(hải sản)

해산물을 총칭. 해산물 볶음밥, 해산물 볶음 쌀국수 등 뒤에 조리 방법을 붙인다.

### 4. 까(cá)

생선. '까(cá)'가 붙으면 생선을 이용한 음식이라고 보면 된다.

### 5. 응헤우(nghêu)

조개의 총칭. 조개라는 뜻의 또 다른 단어 소(sò)를 붙여 조개 종류를 나누기도 한다.

| | |
|---|---|
| **소 휘엔 sò huyết** | 바지락 |
| **소 디엡 sò điệp** | 가리비 |
| **헨 hến** | 섭조개(홍합과) |

### 6. 옥(ốc) : 우렁이

- 옥 흐엉(ốc hương) : 골뱅이

### 7. 허우(hàu) : 굴

### 8. 믁(mực) : 오징어

- 믁 마(mực ma) : 낙지

## 9. 꾸아/게(cua/ghẹ) : 게

베트남에서 게는 두 종류로 크게 나눌 수 있다. 껍질이 두꺼운 게는 꾸아(cua), 우리가 아는 꽃게는 게(ghẹ)이다.

## 10. 똠(tôm) : 새우

요리 및 소스로도 활용이 많은 새우. 그중 해산물 식당에서 구워 파는 새우의 종류는 크게 아래와 같다.

| | |
|---|---|
| 똠 스 tôm sú | 타이거 새우 |
| 똠 무니 tôm mũ ni | 부채새우 |
| 똠 깡 tôm cang | 가재 |
| 똠 훔 tôm hùm | 바닷 가재 |

## 11. 양념

| | |
|---|---|
| 무오이 muối | 소금 |
| 드엉 đường | 설탕 |
| 느억맘 nước mắm | 피시소스 |
| 뜨엉 옷 tương ớt | 칠리소스 |
| 느억 뜨엉 nước tương | 간장 |
| 느억 쩜 nước chấm | 양념장 |
| 맘 톰 Mắm tôm | 새우젓 |

## 12. 라우(rau) : 야채

| | |
|---|---|
| 지아 giá | 숙주 |
| 까이 티아 cải thìa | 청경채 |
| 싸 라익 xà lách | 상추 |
| 즈어 쭈옷 dưa chuột | 오이 |
| 자우 무옹 rau muống | 모닝글로리 |
| 하잉 hành | 파 |
| 더우 밥 đau bap | 오크라 |
| 밥 bắp | 옥수수 |
| 옷 ớt | 고추 |
| 또이 tỏi | 마늘 |
| 하잉 떠이 hành tây | 양파 |
| 더우 싼 đau xanh | 녹두 |
| 라 주오이 lá chuối | 바나나 잎 |

## 13. 자우 텀(rau thơm) : 향채

| | |
|---|---|
| 자우 럼 rau răm | 베트남고수풀 |
| 자우 무이 / 응오 rau mùi / ngò | 고수 |
| 훙 꿰 húng quế | 타이 바질 |

낑 저이 kinh gioi    깻잎처럼 생긴 향채

띠아 또 Tía tô    들깨속(보랏빛 깻잎처럼 생김)

박하 bạc hà    민트

지엡 까 Diếp cá    어성초

무이 따우 Mùi tàu    쿨란트로

사 sả    레몬그라스


## 13. 짜이 꺼이(trái cây) : 과일

\* 북부에서는 과일 이름 앞에 꽈(quả)를 붙이고 남부에서는 짜이(trái)를 붙인다.

짜인 chanh    라임

보 bơ    아보카도

깜 cam    오렌지

따오 táo    사과

주오이 chuối    바나나

브어이(북부) / 봉(남부) bưởi /bòng    자몽

뇨 nho    포도

망꼿 măng cụt    망고스틴

쏘아이 xoài    망고

| | |
|---|---|
| 꽛 quất | 깔라만시 |
| 즈어(북부)/텀(남부) dứa /thơm | 파인애플 |
| 밋 mít | 잭푸르트 |
| 쎄우 지엉 sầu riêng | 두리안 |
| 두두 đu đủ | 파파야 |
| 망꺼우 mãng cầu | 석가 |
| 댜오 đào | 복숭아 |
| 쫌쫌 chôm chôm | 람부탄 |
| 즈아 dừa | 코코넛 |
| 즈아 하어 dưa hấu | 수박 |
| 봐이 vải | 리치 |
| 냐안 nhãn | 롱안 |
| 저우 따이 dâu tây | 딸기 |
| 짠 레오 chanh leo | 패션프루트 |
| 조이 / 먼 roi / mận | 로즈애플 |

## • 조리법 및 먹는 방법에 따른 구분

| | |
|---|---|
| 헙 hấp | 찜 |
| 루억 luộc | 삶다 |
| 쫀 trụng | 데치다 |
| 느엉 nướng | 굽다 |
| 찌엔 / 란 chiên, rán | 튀김 |
| 싸오 / 랑 xào, rang | 볶다 |
| 짜오 cháo | 죽 |
| 코 따우 kho tàu | 조림 |
| 짜 chả | 다져서 굽거나 튀김 |
| 고이 gỏi | 샐러드 |
| 라우 Lẩu | 전골 |
| 깐 canh | 국 |
| 고이 꾸온 gỏi cuốn | 쌈 |
| 쫀 trộn | 섞다 |

• **베트남 메뉴판 읽기**

**1. 반(bánh)**
쌀가루, 밀가루, 전분 등 가루로 만든 빵, 떡 등을 총칭한다. 반미, 반쎄오 등의 음식이 있으며 우리가 익히 아는 라이스 페이퍼 반 짱(bánh tráng)도 이에 속한다.

**2. 껌(Cơm)**
'밥'을 의미하며 쌀은 가오(gạo)라고 한다. 식당에서는 우리나라 공깃밥에 해당하는 껌 짱(Cơm trắng) 이라고 메뉴판에 쓰여 있다.

**3. 미엔(miến)**
면을 총칭하나, 당면을 말할 때 자주 쓴다.

- 미(Mì) : 계란으로 반죽한 얇은 밀가루 면. 면이 얇아 볶는 요리에 많이 쓰인다.

- 퍼(phở) : 쌀국수 및 우리나라 칼국수면 같은 모양의 널찍한 면을 말한다.

- 분(bún) : 국수. 우리나라 소면 같은 모양의 원통 면

- 반 호이(Bánh hỏi) : 실처럼 얇은 국수가 엉겨 붙어 마치 헝겊 천처럼 보인다.

## 4. 느억 옷(Nước ngọt) : 음료

느억 nước 물

느억 으엉 꼬 가 nước uống có ga      탄산음료

꼬 까 cô ca      콜라

느억 으어 Nước dừa      코코넛 주스

느억 미아 nước mía      사탕수수 주스

신또 Sinh tố      과일 스무디

카페 cà phê      커피

짜 trà      차

즈어 sữa      우유


## 5. 루오(rượu) : 술

비아(bia) :      맥주

방(vang) :      와인

Part
03

베트남 현지식당
이용하기

# • 현지 식당 이용 시 알아두기

**1. 유료 과금되는 것들을 알아두자.**

베트남 식당은 식탁 위에 있는 것 중 조미료를 제외하면 유료로 과금되는 것들이 있다. 가장 대표적인 것이 물티슈(Khăn lạnh : 칸 란)이다. 포장지에 싸여 있는 물티슈는 거의 유료라고 봐도 무방하다. 또한 식탁 위에 놓인 작은 먹을거리 음식들이 있다면(대부분 비닐이나 바나나 잎에 싸여 있음) 추가 요금이 붙는 사이드 메뉴라고 보면 된다. 주문한 음식이 나올 때 길쭉하게 생긴 튀긴 빵 '반 꾸어이(Bánh quẩy)'를 함께 주는 경우가 많은데 이 또한 유료이다. 국물에 찍어 먹으면 맛있으므로 얼마 하지 않으니 몇 개 먹어보는 것도 괜찮다.

**2. 야외 테라스 및 야외석 바닥이 지저분할 수 있다.**

베트남에서는 식탁 위가 깨끗해야 한다고 생각해서 식탁 밑으로 쓰레기나 껍질, 생선 뼈 등 음식물 쓰레기를 버리는 경우가 많다. 요즘은 테이블마다 간이 휴지통을 놓는 경우도 많지만 로컬 식당이나 야시장에 가면 아직도 이러한 문화가 남아있다.

**3. 식탁에 앉아서 계산하며 영수증을 확인하자.**

카페 같은 곳이 아니라면 대부분 식당에서는 앉은 자리에서 계산하는 편이다. 영수증을 먼저 갖다주고 확인 이후 결제하게 되는데 영수증을 잘 살펴보는 것이 좋다. 또한 카드 결제가 불가능한 로컬 식당에서는 잔돈 유통이 어려워 우리 돈 약 50원 정도 되는 1,000동 이하 거스름돈은 잘 거슬러주지 못하는 경우가 종종 생긴다.

**4. 식당에서 주는 얼음은 되도록 먹지 않는 것을 추천한다.**

베트남에서 차가운 음료를 시키면 큰 덩어리 얼음을 따로 잔에 주는 경우가 있는데 위생적인 부분을 생각한다면 특히 로컬 식당에서는 되도록 얼음을 먹지 않을 것을 추천한다. 얼음은 식당에서 손님에게 서빙되기 전 큰 덩어리 얼음에서 쪼개져서 나가는 경우가 많고 얼음을 쪼갤 때 녹았다 얼었다 반복되며 위생적 문제가 생길 수 있다.

**5. 식당에서 제공되는 물보다는 생수를 사 마시도록 하자.**

베트남 수돗물은 석회질 성분이 많은 편이다. 따라서 배탈이 날 수 있으므로 메뉴에서 생수를 구매하거나 끓인 차를 구매하여 마시도록 하자. 판매하는 물 중에도 다사니(Dasani), 아쿠아피나(Aquafina)가 석회 함량이 가장 낮으니 가급적 두 제품으로 구매해서 마시자.

• **베트남 식사 예절**

**1. 함께 먹는 음식은 개인 접시에 덜어 먹자.**
베트남에서는 다 같이 한 상에서 먹는 한상차림 음식들이 많다. 따라서 베트남 사람들과 함께 식사할 일이 있을 때는 음식을 조금씩 개인 접시에 덜어 먹어야 한다.

**2. 음식을 조금 남기자.**
베트남 사람들에게 초대받았거나 같이 식사할 때는 손님을 의식해서 손님이 배불리 먹은 것을 확인한 뒤 먹는 문화가 있으므로 한 음식을 너무 많이 먹기보다는 골고루 조금씩 먹으며 함께 식사하는 사람들을 배려하도록 해야 한다.

**3. 베트남에서는 숟가락을 잘 사용하지 않는다.**
베트남에서는 밥을 젓가락으로 먹기 때문에 숟가락을 잘 사용하지 않고 국을 먹을 때만 거의 사용하는 편이다. 물론 식당에 요청한다고 해서 거절하지는 않겠지만 로컬 음식점에서는 제공받기 어려울 수 있다.

**4. 젓가락을 밥 위에 꽂지 않는다.**
젓가락을 밥 위에 꽂으면 제삿밥이나 제사에 쓰이는 향을 의미하게 되므로 절대 젓가락을 밥 위에 꽂지 않는다. 식사가 끝나면 젓가락은 그릇 위에 가지런히 올려 두자.

## • 식당에서 쓰는 간단한 베트남어 한 마디

**1. 안녕하세요.**

xin chào (신 짜오)

**2. 메뉴판을 주세요**

Cho tôi thực đơn ạ (쩌 또이 특 떤 아)

- **Cho tôi** : 주세요(쩌 또이)

**3. 저기요**

Em ơi (엠 어이)

**4. 소고기 쌀국수 한 그릇 주세요**

cho tôi một bát phở bò (쩌 또이 못 밧 퍼 보)

- 그릇 : **bát**(밧)

**5. 아이스 블랙커피 한 잔 주세요**

Cho tôi một cà phê đen đá (쩌 또이 못 까 페 덴 다)

- 아이스 블랙커피 : **cà phê đen đá**(카페 덴 다)

- 따뜻한 블랙커피 : **cà phê đen nóng** (카페 덴 농)

**6. 물 한 잔 주세요**

Cho tôi một cái ly nước (쩌 또이 못 카이 리 누옥)

- 컵 : **cái ly**(카이 리)

## 7. 젓가락이 더 필요해요

Cho tôi một cần thêm đũa (쩌 또이 못 칸 템 뒤아)

- 젓가락 : đũa(뒤아)

- 숟가락 : thìa(티아)

## 8. 고수는 주지 마세요

Đừng cho rau thơm ạ (뜽 쩌 라우 텀 아)

- 주지 마세요 : Đừng cho(뜽 쩌)

## 9. 에어컨 좀 켜주실 수 있나요(공손한 요청)?

Xin bật máy lạnh giúp tôi ( 씬 벗 마이 라인 이웁 또이)

- 해주세요 : Xin(씬)

- 에어컨: máy lạnh(마이 라인)

## 10. 계산해 주세요

Thanh toán cho tôi (타잉 또안 쩌 또이)

- 계산하다 : Thanh toán(타잉 또안)

## 11. 포장해주세요

Gói lại cho tôi(거이 라이 쩌 또이)

포장하다 : Gói lại(거이 라이)

## 12. 감사합니다.

Cảm ơn (깜 언)

• 숫자

| | | | |
|---|---|---|---|
| 1 | một | 못 | |
| 2 | hai | 하이 | |
| 3 | ba | 바 | |
| 4 | bốn | 본 | |
| 5 | năm | 남 | |
| 6 | sáu | 싸우 | |
| 7 | bảy | 바이 | |
| 8 | tám | 땀 | |
| 9 | chín | 찐 | |
| 10 | mười | 므어이 | |

Part
04

# 다낭·호이안에서 꼭 먹어보기

## • 베트남 최고의 부와 명예를 보여주는 까오러우(Cao lầu)

'베트남에서 가장 호화로운 요리'하면 떠오르는 곳은 응우옌왕조의 수도였던 후에(Huế)일 것이다. 1802년부터 1945년까지 100여 년이 넘는 기간 동안 현재 베트남 지도 전체의 강역을 아우르는 강력한 왕조였으며 중국 청나라가 힘이 약해지자 황제만이 쓸 수 있던 색깔 노란색(땅을 상징한다)을 사용하여 황제의 궁을 만들기도 하였다. 하지만 서민들에겐 감히 올려다볼 수 없는 황제가 아닌, 가까이에서 부와 명예를 누리는 사람들이 먹는 음식을 부러워하였을 것이다. 후에와 가까운 무역도시 호이안에서 부와 명예를 쥔 사람들이 먹었던 음식 바로 까오러우(Cao lầu)다.

까오러우 면

까오러우는 높다는 뜻의 까오(Cao), 층이라는 뜻의 러우(lầu)를 합친 말로 말 그대로 '높은 층'이라는 뜻이다. 음식 이름에 음식의 형태나 재료, 조리 방법을 넣은 것도 아닌 높은 층이라니?

 호이안은 베트남 중부를 대표하는 최고의 무역항이었다. 일본과 중국에서 들어온 상인들이 호이안 부둣가를 오가고 오랫동안 머물러 숙식하는 일이 잦았기에 이들을 위한 숙식 장소가 필요해지기 시작하였다. 당시 호이안에는 1층 가옥들이 주로 있었는데, 이들을 위해 2층 가옥을 짓기 시작하였고 이러한 2층 가옥들은 현재도 호이안 시내 곳곳에 세계문화유산으로 잘 남아있다. 또한 자신들이 고향에서 먹던 음식을 그리워하게 되자 비슷한 음식을 만들어 내기 시작한다.

우선 면에 관해 이야기해 보자. 까오러우에 쓰이는 면은 아주 독특하다. 베트남에서 일반적으로 쓰이는 면과는 색깔과 식감이 완전히 다르다. 부들부들한 식감이 매력인 쌀국수 면과 다르게 까오러우에 쓰이는 면은 쫄면과 우동 면발을 섞은 듯한 식감이라 씹을수록 오묘한 식감을 경험하게 된다. 이 면은 옛날에는 오로지 호이안에서만 생산할 수 있었다. 호이안 인근 참 섬에서 나는 식물을 태워 만든 재에 갓 수확한 신선한 쌀을 담가두면 쌀의 색깔이 약간 누렇게 변색된다. 중국 남부에서는 예부터 국수를 만들 때 이런 알칼리성 물(Lye water)을 사용하여 쫄깃한 식감을 북돋웠고 현재도 월병을 만들 때 사용한다. 담가 두었던 쌀을 헹굴 때는 호이안에 있는 천년 넘은 우물에서 퍼 올린 물을 사용한다.

호이안이 참파 왕국의 지배를 받던 시절 만들어진 우물인데 현재도 남아있는 발 레(Bá Lễ) 우물이다. 이후 갈아낸 쌀을 반죽하고 자른 후 삶아내면 완성이다.

발 레 우물

이렇게 까다로운 공정을 거쳐야 까오러우에 사용되는 면을 생산할 수 있기에 호이안 지역 이외에서는 찾아볼 수 없었고 현재도 호이안 지역 이외에는 찾아보기 힘들다. 물론 현재는 옛날 같은 방식을 사용하기보다는 간편한 방법으로 바꿔 만들어진다고 한다. 특히 오동통한 면의 모양을 보면 일본의 우동면을 떠올리게 하는데, 까오러우 면은 일명 중국과 일본, 베트남 국수 문화의 합작품이라고 할 수 있겠다.

다음은 고명을 보자. 싸 씨우(xá xíu)라 불리는 돼지고기 고명은 중국 차슈에서 비롯되었다. 향신료가 많이 나는 베트남 중부지방에서는 향신료에 재운 고기가 많다. 까오러우에 올리는 싸 씨우도 향신료에 재운 돼지고기이며, 푹 삶은 뒤 얇게 잘라서 고명으로 올린다.
 마지막으로 서빙하기 전 잘 삶아진 면과 싸 씨우, 양상추, 향채, 튀긴 돼지껍데기 등 재료를 올리고 난 뒤 마지막으로 자작하게 육수를 부어 준다. 육수를 만들기 위해 돼지고기를 삶을 때 팔각 등 향신료를 함께 넣고 끓여주는데, 이는 돼지고기 특유의 잡내를 없애주면서 동시에 고향에 온 듯한 향수를 느끼게 하는 냄새였을 것이다.

까오러우 맛의 포인트는 두툼하고 쫄깃한 면, 향신료로 잡내가 없어진 돼지고기 그리고 각종 채소와의 조화이다. 면만 먹을 때는 약간 씁쓸한 맛이 느껴지고 면의 질감도 거친 편이라 그리 좋게 느껴지지 않지만, 함께 나온 고기와 채소를 같이 먹으면 전혀 다른 맛과 향을 즐길 수 있다.

백여 년 전 이국의 상인들은 이렇게 만들어진 요리를 2층에 앉아 맛있게 먹으며 항구에 드나드는 배들과 지나다니는 사람들을 바라보았을 것이다. 그리고 고향에 대한 향수를 달랬을 것이다. 호이안의 명물 까오러우 한 그릇에는 이런 이야기가 담겨 있다.
처음 호이안에서 까오러우를 먹었을 때 독특한 식감에 '이상하다'라는 생각만 들었을 뿐 이 음식에 대한 애정을 느끼지 못했다. 하지만 호이안에 머무는 동안 하루 한 그릇씩 까오러우를 먹게 되면서부터는 이 음식에 대한 호기심이 일었고, 이 음식에 대한 배경을 알고 난 뒤에는 한 그릇의 음식이 아닌 한 그릇의 이야기가 느껴져 더욱 맛있게 먹게 되었다.

베트남 여행을 계획하고 있고 호이안에 들른다면 반드시 꼭 먹어봐야 할 추천 음식 까오러우. 될 수 있으면 2층에 앉아 사람들을 바라보며 까오러우를 먹어보자. 백여 년 전 이곳에 왔던 이국의 상인들이 느꼈던 감성을 떠올리면서 말이다. 해가 진 저녁이면 호이안의 또 다른 명물 중 하나인 랜턴과 연꽃 등이 멋들어지게 켜져 여러분의 입맛을 돋울 것이다.

# • 추천 까오러우 맛집

## 1) 콴 카오러우 바 레(Quán Cao lầu Bá Lễ)

49/3 Trần Hưng Đạo, Phường Minh An, Hội An, Quảng Nam

까오러우를 유명하게 만든 바레 우물 근처에 위치한 곳이라 외국인들도 많이 찾는 곳이다. 가격도 저렴하고 호이안을 대표하는 메뉴들을 다 맛볼 수 있어 더욱 좋다. 자작하게 육수를 부어 주는 곳과 달리 이곳은 육수가 좀 더 많아 다소 심심한 맛의 까오러우를 더 감칠맛 나게 먹을 수 있다. 식당이 넓어서 쾌적하고 영어를 쓰는 직원이 있어 주문도 수월한 편이다.

## 2) 레드 게코 레스토랑(Red Gecko Restaurant)

23 Nguyễn Hoàng, street, Hội An, Quảng Nam

호이안 야시장 끝 쪽에 있는 가게이다. 음식이 나오는 시간은 조금 긴 편이지만 점원들이 친절하고 가게가 전체적으로 깔끔하고 위생적이다. 까오러우에 올라가는 차슈가 맛있고 전체적으로 고명과 면의 맛이 조화롭다. 까오러우 이외에도 미꽝, 화이트로즈 등 음식이 전반적으로 맛있는 편이다. 호이안 야시장 끄트머리에 있어 출출할 때 찾기에도 좋고, 랍스터도 저렴한 편이다.

## • 치이익 소리가 담겨 있는 음식 반쎄오

본격적인 여름 무더위가 시작되기 전, 장마를 한차례 겪어야만 하는 고역의 때가 왔다. 이럴 때 저녁 시간에 가장 많이 맡게 되는 냄새는 고소한 기름 냄새이다. 습하고 때론 한기까지 드는 장마철엔 누구나 따뜻한 것이 먹고 싶기 마련인 것 같다.

 베트남에도 우리나라의 부침개 같은 음식이 있다. 바로 '반쎄오'다. 이름도 직관적이다. 밀가루와 쌀가루를 써서 만드는 음식을 일컫는 반(bánh), 지글지글 소리의 의성어인 쎄오(xèo)가 합쳐져서 만들어진 음식 이름이다.

반쎄오는 동그랗고 얇게 부친 반죽 안에 속 재료를 넣고 익힌 후 반으로 접어 반달 모양으로 만든다. 속 재료는 대개 돼지고기, 새우, 숙주, 부추, 녹두 등이 들어가지만 안에 넣는 재료를 선택할 수도 있다.

반쎄오는 바삭바삭한 반죽이 특징인데, 이를 위해 아주 얇게 부쳐내는 것이 중요하다. 그래서 만드는 모습을 보면 팬에 아주 순식간에 부쳐낸다. 또한 반죽의 풍미를 돋우기 위해 물과 함께 코코넛 밀크를 섞어 만든다. 코코넛 밀크가 들어가서인지 바삭한 반죽은 고소한 맛이 많이 나며, 라이스페이퍼에 채소를 올리고 반쎄오를 싸서 생선 소스에 찍어 먹으면 새콤달콤한 맛에 바삭함 그리고 채소들의 산뜻함, 해산물과 고기의 감칠맛까지 합쳐져서 아주 맛있다.

다낭과 호이안 등 대부분 중부지방에서는 넓은 반달 모양으로 부쳐내지만, 베트남 궁중요리의 메카라 불리는 후에(Hue) 지방에서는 같은 중부임에도 좀 더 작은 반달 모양으로 부쳐낸다. 대신 다른 지방보다 좀 더 도톰하다. 불리는 이름도 반쎄오가 아닌 반코아이(Bánhkhoái)라고 부르는데, 즐겁다는 뜻의 '코아이(khoái)'를 붙여 맛있다는 뜻을 강조했다. 반코아이는 반쎄오 가루와 다르게 타피오카 전분을 섞어서 만들기 때문에 반죽이 바삭한 대신 좀 더 걸쭉하다.

반쎄오는 베트남 중부를 대표하는 음식 중 하나이다. 우리나라에서 밀면을 부산에서만 맛볼 수 있는 것은 아니듯 반쎄오도 베트남 지역 어디를 가도 찾아볼 수 있지만 중부만큼 많지는 않다.

때문에 베트남 북부에서는 많이 찾아볼 수 없고, 남부 지방으로 가면 중부지방에서 볼 수 있는 반쎄오보다 더 크고 널찍한 모습의 반쎄오를 볼 수 있다. 그리고 조금 색다른 모습의 반쎄오도 만나게 된다. 마치 타코야키를 반으로 가른 뒤 그 안에 속 재료를 조금 채워 놓은 모습인데, 남부에서는 이를 반쎄오가 아닌 반콧(Bánh khọt)이라고 부른다.

반콧은 남부를 대표하는 도시 호치민 근방에 있는 붕따우(VũngTàu) 지방에서 유래되었다. 베트남 중남부는 옛 참파 왕국의 근거지였는데, 참파 사람들이 만들어 먹던 반깐(Bánh căn - 반콧과 비슷한 모양이나 반콧은 기름에 튀기듯 만든다면 반깐은 구워 만든다.)에서 반콧이 유래되었다고 전해진다.

반깐에서 반콧으로, 반콧에서 반쎄오(혹은 반코아이)로 이어지는 음식 계보를 보았을 때 반쎄오는 인도의 영향을 받은 음식일 가능성이 크다. 반쎄오의 유래를 프랑스 식민지 시절 '크레페'에서 영향을 받았다고 보는 견해도 있지만 반쎄오 반죽을 노랗게 보이게 하는 강황, 대표적 속 재료인 녹두는 인도에서 유래된 재료이다. 참파 왕국은 인도의 영향을 크게 받은 나라이므로 아무래도 반쎄오는 인도에서 영향을 받았다고 보는 견해가 더 설득력 있다.

 반쎄오를 먹을 때 단짝처럼 꼭 따라오는 음식이 있다. 바로 넴루이라는 음식이다.(Nem lụi 또는 넴 느엉 Nem nướng 이라고도 불린다). 넴루이는 다진 고기를 둥글고 길게 말아서 꼬치에 끼워 구운 음식인데, 고기를 양념한 후 숯불에 굽기 때문에 향도 맛도 아주 좋다.

우리나라 음식에도 궁합이 있듯, 고소한 반쎄오를 먹을 때 넴루이를 함께 먹으면 숯불에 그슬려 살짝 탄 고기향이 어우러져 더욱 맛있게 음식을 즐길 수 있다. 넉넉한 포만감은 덤이다.

 반쎄오의 기본적인 상차림은 반쎄오와 각종 채소, 라이스 페이퍼(반짱 bánh tráng), 찍어 먹는 소스 느억짬(nước chấm)과 땅콩이 섞인 소스가 나온다. 여기에 넴루이를 추가해서 먹는 방법까지 함께 이야기해 보겠다.

 우선 반짱을 접시에 올린 뒤 반짱 위에 채소를 얹는다. 그리고 그 위에 먹기 좋은 크기로 자른 반쎄오를 올리고, 넴루이까지 얹은 뒤 꼬치를 잡아 뺀다. 넴루이 꼬치를 뺄 때는 한쪽을 고정하고 꼬치를 빼야 고기가 쑥 잘 빠진다. 그리고 전체적으로 반짱을 돌돌 말아 쌈처럼 만들면 된다. 반짱이 약간 딱딱해 보여도 워낙 얇아서 음식의 습기로 인해 금방 눅눅해지므로 쌈을 만들기 어렵지 않다. 쌈을 만든 뒤 마지막으로 소스를 찍어 먹으면 느끼함도 잡아주고 속 재료들도 하나로 어우러져 맛있게 먹을 수 있다.

• 추천 반쎄오 맛집

### 1) 쩌 비엣(Tre viết)

180 Bạch Đằng, Hải Châu 1, Hải Châu, Đà Nẵng

실내가 넓은 편은 아니지만 가족 단위로 가기에 좋고, 무엇보다 한강 근처라 접근성도 좋고 에어컨이 나와서 실내가 엄청 시원하다. 때문에 로컬 가게들에 비하면 가격이 비싼 편이니 감안해야 한다. 바구니에 예쁘게 한 상 차림으로 해서 나오는 반쎄오가 가장 인기가 많다. 먹는 방법을 잘 몰라도 직원분이 친절히 설명해 주시니 걱정하지 말자.

## 2) 반 쎄오 바즈엉(Bánh Xèo Bà Dưỡng)

280/23 Hoàng Diệu, Bình Hiên, Hải Châu, Đà Nẵng

반 쎄오 바즈엉은 다낭 현지인들이 가장 즐겨찾는 반 쎄오 전문점으로 유명한 곳이다. 너무 인기가 좋다 보니 근처 가게들이 이름을 비슷하게 지어서 손님을 유도하기도 하는데, 이곳은 골목 가장 안쪽 끝에 있다. 저렴하면서도 맛있는 반쎄오를 찾아 많은 현지인이 찾아오지만, 에어컨이 없어 한낮에 가는 것은 추천하지 않는다.

## • 얼마나 맛있으면 음식 이름이 곧 지역명? 미꽝

베트남은 5개의 지방자치(municipalities)와 58개의 성(Province)으로 행정구역이 나누어진다. 그중 꽝남성(Quảng Nam Province)은 베트남 중부를 대표하는 대도시로서 호이안을 포함하여 총 18개의 행정구역(district-level sub-divisions)이 포함된 곳이다. 한때는 꽝남성에 다낭이 포함되었으나 1997년부터 다낭은 5개의 지방자치 중 하나로 승격하였다.

미꽝의 꽝(Quảng)은 '꽝남성'을 뜻하고 '미(Mì)'는 면을 뜻한다. 베트남 중부를 대표하는 지역의 이름을 딴 국수라니 도대체 얼마나 맛있기에 이토록 자신감 넘치는 이름일까?

미꽝은 꽝남 지방에서 추수가 끝난 뒤 마을 사람들이 함께 모여 만들어 먹는 대표적인 음식이었다. 그리고 그 전통은 오백여 년 동안 이어져 내려와 꽝남 지방에서는 가족 행사에 빠지지 않는 음식이기도 하다. 현재 미꽝은 중부지방에서 흔하게 볼 수 있고 어느 때나 누구든 즐기는 가장 대중적인 음식 중 하나이다.

미꽝을 추수가 끝나고 만들어 먹었던 이유는 바로 미꽝 면을 신선한 쌀로 만들었기 때문이다. 신선한 쌀을 물에 불린 뒤 갈아내어 일명 라이스 밀크(rice milk)를 만들고, 얇게 부쳐낸 뒤 식힌다. 이후 널찍한 칼국수 면처럼 잘라내어 썰면 부드럽고 맛있는 미꽝 면이 만들어진다. 쫄깃한 식감을 위해 밀가루를 추가하여 면을 만드는 곳도 있지만 미꽝의 면 미(Mì)는 기본적으로 쌀국수이다. 미꽝 면 특유의 부들부들한 식감은 라이스 밀크를 통해서 만들어졌을 때 가장 잘 느낄 수 있다.

일부 식당에서는 강황으로 면을 노랗게 물들여 보기 좋게 만든다. 때문에 노란색은 어느새 미꽝을 상징하는 색이 되었다.
미꽝에 들어가는 양념들은 우연히 만들어진 것이 아니다. 꽝남성의 더운 기후는 향신료를 재배하기에 매우 이상적이며 특히 마늘, 강황, 후추는 베트남 지역 내에서도 강한 향을 풍기어 베트남 중부에서의 특산물이 되었다. 또한 인도에서 유래된 강황을 보았을 때 베트남 최고 항구도시였던 호이안에서 여러 나라와의 무역이 활발하였음을 알 수 있다.

미꽝에 넣는 토핑은 다양하다. 요즘은 돼지고기를 얇게 잘라낸 것과 새우, 메추리알이 주로 올려지지만, 꽝남 지방에서는 예로부터 닭고기를 주로 많이 먹었고 우기에 많이 잡히는 개구리도 미꽝에 올려지는 식재료 중 하나였다.

 토핑을 올리고 나면 육수를 자작하게 부어 주는데, 비벼서 먹는 음식이므로 너무 많지 않게 적은 양이 부어져서 나온다. 마지막으로 향채와 땅콩 부순 것, 바삭하게 구운 라이스 페이퍼 반짱을 위에 올려 장식해 주면 맛있는 미꽝이 완성된다.

 토핑으로 나오는 구운 반짱은 다양한 종류가 있는데 구운 라이스 페이퍼가 크게 한 장 나와 미꽝 위에 잔뜩 부수어 먹을 때도 있고, 새우 맛이 나는 라이스 칩 또는 깨를 넣어 구운 반짱인 반 짱 매(bánh tráng mè)도 토핑으로 많이 나온다.

 이제 우리나라 비빔국수처럼 토핑과 면을 육수에 잘 적시어 맛있게 비벼주면 된다. 처음엔 약간 담백하게 느껴지지만 먹을수록 특유의 감칠맛이 향신료와 잘 어우러진다. 특히 구운 반짱과 땅콩이 바삭하면서도 고소한 풍미를 풍겨 맛을 돋우는 역할을 톡톡히 한다.

 다낭에서는 많이 찾아볼 수 없는 '까오러우'와 다르게 미꽝은 다낭과 호이안 어디에서도 쉽게 찾아볼 수 있는 음식이니 꼭 한 번 먹어보도록 하자. 양이 적어 아침 식사나 오후 간식으로 먹는 것을 추천한다.

• **추천 미꽝 맛집**

### 1) 미꽝 92(Mì Quảng 92)

112A Trần Cao Vân, Phường Minh An, Hội An, Quảng Nam

호이안에서 미꽝 맛집으로 유명한 이곳은 특히 생선 미꽝인 미 까(mì cá)를 꼭 먹어봐야 한다. 생선이 들어 있어 국물의 감칠맛이 무척 뛰어나고, 신선한 생선은 부드럽고 고소하여 입맛을 돋운다.

검은깨가 콕콕 박혀있는 반짱매(Bánh tráng mè)를 부수어서 면과 함께 먹으면 바삭하면서도 고소한 맛이 잘 살아난다.

## 2) 미꽝 1A(Mi Quang 1A)

1 Hải Phòng, Thạch Thang, Hải Châu, Đà Nẵng

입에 착 붙는 쫀득한 면과 고소한 국물이 맛있게 어우러진 이곳은 다낭 현지인뿐만 아닌 관광객들에게도 최고로 손꼽히는 미꽝 맛집이다. 좌석이 넉넉해서 여러 명이 방문해도 문제없고 무엇보다 저렴하면서도 맛있는 것이 이 집의 장점이다. 까오러우도 함께 판매하고 있으니 두 음식을 함께 즐겨보는 것도 좋다.

## • 방심하다 큰코다치는 맛! 분보후에(Bún bò Huế)

시끌벅적한 다낭역에서 기차를 타고 두 시간여를 달려오면 베트남 마지막 왕조인 응우옌 왕조의 도읍지였던 후에(Huế)를 만날 수 있다. 옛 도읍지의 쓸쓸함을 한껏 담은 정취가 느껴지는 이곳은 한적하고 고즈넉한 시골 마을이다. 화려한 볼거리를 기대했던 사람들은 후에의 첫 모습에 놀랄 수도 있겠다.

후에에서 가장 유명한 곳은 단연 응우옌왕조와 영고성쇠를 함께 한 '후에 왕궁'이지만 베트남 최고의 사원들이 모여있는 도시이기도 하다. 그 때문에 후에는 평온하면서도 고즈넉한 분위기를 느낄 수 있는 매력적인 곳이다.

옛 도읍지였던 도시답게 후에는 섬세하고 화려하게 장식된 궁중요리가 유명하지만, 후에에서 가장 흔하면서도 가장 편하게 찾아볼 수 있는 음식은 단연 분보후에(Bún bò Huế)이다.

분보후에의 외관과 상차림을 얼핏 보면 퍼(phở)와 크게 달라 보이지 않는다. 분보후에도 쌀국수의 일종인 것은 맞지만 음식명에 '후에'가 들어간 만큼 후에의 문화를 담아 만들어진 음식이다.

우선 면을 보자. 원통형 모양이 우리에게 익숙한 소면 형태이다. 이런 형태의 면을 분(Bún)이라고 한다. '분'은 베트남 요리 여기저기서 꽤 많이 사용되는 면이다. 하지만 분보후에의 면은 일반적인 분((Bún)보다 조금 더 통통하다.

소고기를 뜻하는 보(Bò)를 써서 분보후에라는 이름을 지을 만큼 기본적으로 소고기 고명이 올라가지만 분보후에는 소고기만 사용하여 만들지는 않는다. 돼지고기 뼈와 고기도 함께 푹 삶아 육수를 진하게 만들고 돼지족발, 선지, 닭고기 완자 등도 고명으로 자주 올라간다.

분보후에만의 독특한 양념을 이야기하자면 고추와 맘루옥(Mắm ruốc)을 빼놓을 수 없다. 맘루옥은 작은 크기의 새우를 발효시켜 만든 젓갈 소스이다. 맘루옥은 후에 지방이 가장 유명한데, 이 맘루옥을 넣어 만든 국물은 분보후에 국물에 감칠맛을 더해주고 있어 쌀국수 퍼(phở) 국물과의 차이를 느낄 수 있게 해준다.

분보후에 육수에는 레몬그라스가 들어가 상큼함을 더해주고 고기의 느끼함도 잡아준다. 상큼한 맛을 더 끌어올리고 싶다면 함께 나오는 향채에 라임이 빠지지 않고 나오기 때문에 라임을 살짝 짜서 국물에 추가하는 것도 좋다.

 후에 고추도 빼놓을 수 없는 분보후에의 재료이다. 후에 지방의 고추는 아주 맵기로 유명하다. 베트남의 다른 지역보다 햇살이 강하고 건조한 편이라 크기가 작아도 아주 매워 후에의 특산물이 되었다. 때문에 분보후에 국물은 아주 매콤한 편이다.

처음 분보후에를 접했을 때 국물에 고추기름이 보이기는 했지만 매운 음식하면 또 한국인 아니던가! 매운맛에 능숙한 한국인이라는 자부심으로 국물을 한 입 떠 마셨을 때 '컥'하고 깜짝 놀랐다. 생각보다 '탁' 치고 들어오는 매콤함 때문이었다. 후에 지방 고추가 그렇게 맵다더니만 그 위력이 대단했다. 하지만 역시 한국인이라 그런지 이 매콤함이 무척 매력적이었다. 그러고 보니 후에 지방에서는 느억맘과 더불어 가장 대표적인 소스가 바로 뜨엉 엇(tương ớt)이다. 뜨엉 엇은 베트남식 칠리소스인데 꼬치류 음식을 먹을 때 자주 찍어 먹는다. 역시 매운맛을 사랑하는 후에 사람답다고 할 수 있겠다.

 분보후에는 후에 지방에서만 판매하는 음식은 아니다. 쌀국수 퍼(phở)처럼 베트남 전역 어디에서도 맛볼 수 있는 음식이다. 하지만 후에 지방을 벗어나면 '후에'라는 이름은 빼 버리고 '분보'라고만 간단하게 써 놓는 식당들이 많다. 따라서 베트남에서 매콤한 한 방을 느끼게 해줄 쌀국수를 먹고 싶다면 '분보'를 기억해두자. 물론 매운 음식을 못 먹는 사람들을 위해서도 미리 일러두자. 후에 고추를 만만히 보다 간 큰코다칠 수 있기 때문이다.

## • 추천 분보후에 맛집

### 1)) 분보후에 나(Bún bò huế Na)
63 Lê Quang Đạo, Bắc Mỹ Phú, Ngũ Hành Sơn, Đà Nẵng

푸짐한 고기가 특징인 분보후에답게 다양한 고기 고명이 알차고 푸짐하게 들어 있으며, 덜 매운 육수여서 매운 것을 잘 먹지 못하는 사람도 맛있게 먹을 수 있다. 잡내 없이 부드럽게 잘 익혀진 고기가 입에 넣는 순간 살살 녹는다. 분보후에의 본고장 후에 출신의 주인은 영어 응대가 가능하고 매우 친절하다.

## 2) 락 티엔(Lạc Thiện Restaurant)

6 Đinh Tiên Hoàng, Phú Hoà, Thành phố Huế, Thừa Thiên Huế

후에 성에서 가까워서 접근성이 아주 좋다. 1960년대부터 가게를 열고 오랜 시간 이곳을 지켜온 만큼 뛰어난 맛을 자랑한다. 특히 한 입 뜨자마자 기침이 날 만큼 매콤한 향을 내뿜는 국물은 한국인에게 특히 사랑받을 만하다. 후에에 오면 먹어봐야 하는 음식 중 하나인 '반 코아이'도 함께 판매하고 있으니 꼭 함께 즐겨보길 추천한다.

• 탱글탱글한 맛이 살아 있는 어묵이 담긴 분짜까(Bún chả cá)

바다와 인접한 곳은 필연적으로 생선 요리가 발달하게 되어 있다. 가장 손쉽게 구할 수 있는 재료이기 때문이다. 그리고 이왕이면 이 재료를 좀 더 맛있게, 오래 보관할 수 있는 방법을 찾게 된다. 인간의 필요에 따라 요리의 재료가 다양성을 가지게 되는 순간이라 할 수 있겠다.

어묵은 그래서 바닷가에서 먹어야 맛있다. 우리나라도 어묵 하면 '부산 어묵'을 최고로 치는 이유는 어묵을 만들 때 어육 함량이 높기 때문이다. 어묵을 만들 때 흰 살 생선과 밀가루, 전분 등을 섞어 만들게 되는데 어육 함량이 높으면 식감이 훨씬 쫄깃하고 풍미와 감칠맛이 넘친다. 어묵을 활용한 음식이 대중적인 나라들에선 분짜까의 맛이 낯설게 느껴지지 않을 것이다. 우리가 익히 아는 어묵탕 국물에 토마토를 넣어 매콤, 새콤, 달콤함이 좀 더 추가된 면 요리이기 때문이다. 향신료와 향채 때문에 베트남 음식이 입에 잘 맞지 않았던 사람들도 호불호 없이 즐길 수 있는 음식이기도 하다.

분짜까(Bún chả cá)의 '분(Bún)'은 원통형 모양의 소면이다. '짜(chả)'는 다진 것을 말한다. '까(cá)'는 생선인데, 생선 살을 다져서 만든 어묵과 면을 함께 먹는 음식이라고 할 수 있겠다.
단순해 보이는 이 음식을 베트남에 가면 자주 찾게 되는 이유는 아마도 한국에선 보기 드문 쫄깃하고 찰진 어묵 때문일 것이다. 한국에서는 부산 어묵이 맛있다는 것은 알아도 비싸서 다른 어묵을 사서 쓰는 일이 많다. 어차피 우리나라에서 어묵은 '반찬'의 개념이지 '주재료'의 개념은 아니기 때문이다. 하지만 어획 생산량이 풍부한 베트남에서는 분짜까의 주인공은 어묵이다. 오히려 면이 부재료가 되고 만다. 베트남에서 어묵의 위상은 단지 '떡볶이집에서 서비스로 주는 어묵 국물'이 아니라는 것이다. 게다가 로컬 음식점에서 듬뿍 어묵이 담긴 한 그릇의 분짜까를 배불리 먹어도 우리나라 돈으로 2~3천 원이면 충분하다.

분짜까 국물과 비슷해 보이면서도 고명이 훨씬 다양한 분 리에우(Bún riêu)도 있다. 분 리에우는 분짜까처럼 해산물 육수이기 때문에 시원하고 감칠맛 넘치는 쌀국수이다. 게살이 들어가 고소하면서도 감칠맛 넘치는 국물은 토마토를 첨가하여 새콤하면서도 산뜻하다. 이 때문에 여름에 많이 먹는 음식이다.

분리에우는 분짜까보다 재료를 수급하기가 훨씬 쉬워 북부에서도 많이 먹는 음식이다. 재료 수급이 손쉬웠던 까닭은 분리에우에 들어가는 작은 게를 논에서 잡을 수 있었기 때문이다. 또한 논에 뿌리는 씨를 먹어 치우는 논우렁이도 분리에우 국물의 좋은 재료였다. 베트남 아낙들이 대바구니를 들고 논우렁이와 논게를 잡아 손쉽게 만들어 먹었던 이 음식은 영양분도 동시에 채울 수 있는 기특한 음식이었다.

• 탱글탱글한 맛이 살아 있는 어묵이 담긴 분짜까(Bún chả cá)

분 리에우 특유의 새콤한 국물을 베이스로 하고 고명 및 육수에 들어가는 재료 중 특정 재료들을 듬뿍 올려 만들어지는 음식들도 있는데 논우렁이가 듬뿍 들어가는 분 리에우 옥(bún riêu ốc), 게살(또는 게살 완자)을 넣은 분 리에우 쿠아(bún riêu cua), 생선을 넣은 분 리에우 까(bún riêu cá), 새우를 넣은 분 리에우 톰(bún riêu tôm) 등이 있다. 분리에우라는 이름이 들어가면 새콤하고 시원한 국물을 떠올리되 뒤에 붙는 재료들을 보고 선택해도 좋을 것이다.

• 탱글탱글한 맛이 살아 있는 어묵이 담긴 분짜까(Bún chả cá) 95

## • 추천 분짜까 분리에우 맛집

### 1) 분짜까 109(Bún chả cá 109)
109 Nguyễn Chí Thanh, Hải Châu 1, Hải Châu, Đà Nẵng

3대에 걸쳐 50년 이상 이어온 노포로 현지인들에게 오랫동안 사랑받아 온 곳이다. 매콤, 달콤, 시원한 육수에 쫀득한 어묵과 신선한 채소가 너무나도 잘 어울린다. 탁 트인 매장이라 통풍이 잘되어 시원하긴 하지만 에어컨이 없어 너무 더운 시간은 피해야 한다. 노포임에도 깨끗하게 식당이 운영되고 있어 더욱 믿음이 간다.

## 2) 분리에우 닥락(Bún Riêu Đăk Lăk)

104 Thái Phiên, Phước Ninh, Hải Châu, Đà Nẵng

높은 구글 점수 평점에 고개가 끄덕여지는 곳. 친절하고 따뜻한 미소로 사소한 것 하나까지도 세심하게 챙겨주며, 매장이 무척 깨끗하다. 감칠맛 넘치는 게살 경단은 국물에 잘 풀어 함께 먹으면 맛이 두 배는 더 좋아진다. 보랏빛을 띤 소스 '맘 톰'은 냄새는 고약하지만 국물에 조금 넣어 잘 풀어 먹으면 감칠맛을 돋우어 준다.

- 눈과 입이 즐거워지는,
  호이안 다낭에서 먹어볼 네 그릇의 접시

베트남 중부지방은 장식적인 음식들이 많다. 음식을 예쁘게 장식한다는 것은 '여유'와 '보여주기'가 필요한 곳에서 만들어지기 마련이니 베트남 중부에서 이런 호화로움을 가진 곳을 생각하면 후에와 호이안이 자연스럽게 떠올려진다. 그렇다. 지금부터 소개할 네 그릇의 접시 중 꽃이 피어나는 두 그릇의 접시는 호이안을 대표하는 음식이고 나머지 두 그릇의 접시는 만드는 사람이 몹시도 번거로웠을 작고 호사스러운 후에의 대표 음식이다.

 우선 호이안을 대표하는 두 접시를 보자. 첫 번째 소개할 음식은 반 바오 반박(Bánh bao Bánh bác), 외국에서는 일명 '화이트 로즈(White rose)로 불린다. 이름처럼 흰 꽃잎 모양을 잘 살린 딤섬이다. 딤섬이란 표현에서 느껴지겠지만 중국으로부터 유래된 음식이다. 다양한 나라와의 해상 교역지였던 호이안은 특히 중국과 일본으로부터 영향을 받고 유래된 음식들이 많다.

 반 바오((Bánh bao)는 만두라는 뜻이고 반박(Bánh bác)은 하얀 떡이란 뜻이니 합치면 하얗게 찐 만두가 된다. 반 바오는 만두라는 뜻이 강해서 베트남에서는 간단하게 반박((Bánh bác)이라고 쓰여 있는 곳도 많다. 안에 넣는 소는 대부분 새우, 돼지고기인데 잘 다져서 동그랗게 넣으면 마치 꽃심처럼 보이고, 새우가 분홍빛으로 익으면서 보기 좋게 고운 모습으로 변모한다. 잘 쪄진 반 박을 접시에 담고 마지막으로 튀긴 샬롯(양파의 일종)과 튀긴 마늘을 뿌리면 완성이다. 이 위에 느억짬 소스를 뿌려 먹으면 더욱 맛있다.

앞서 까오러우에서 언급했던 발 레(Bá Lễ) 우물을 써서 만두피를 만든다고 하는데, 이 음식의 원조식당이라 일컬어지는 화이트 로즈 레스토랑(533 Hai Bà Trưng, Phường Cẩm Phổ, Hội An, Quảng Nam) 말고 다른 곳에서도 먹어보았지만 까오러우 면처럼 특별한 식감의 차이를 느낄 수는 없었다.

두 번째로 소개할 접시는 일명 골드 로즈(Gold rose)로 불리는 호안탄 찌엔(Hoành thánh chiên)이다. 호안탄(Hoành thánh)은 완탄(Wonton) 즉 '만두'라는 뜻이고 찌엔(chiên)은 '튀기다'라는 뜻이므로 만두 튀김이 되는 것인데, 만두피를 튀겨낸 후 그 위에 새우, 돼지고기, 토마토, 파, 양파 등 여러 가지 소를 예쁘게 담아낸 것이다.

화이트 로즈는 찌는 만두라면 골드 로즈는 튀긴 만두가 되겠다. 신발을 튀겨도 맛있을 거라는 우스갯소리처럼, 튀겼는데 맛이 없을 수가 없다. 바삭바삭하면서도 토마토즙과 느억짬 소스가 스며들어 새콤달콤하다. 나초 위에 피자 토핑을 해서 먹는 느낌이랄까? 상당히 독특한 식감과 맛을 가진 요리다.

반 박, 호안탄 찌엔 모두 장식적인 음식들이기 때문에 식사 시 주메뉴가 될 수는 없다. 까오러우나 볶음밥 등 주메뉴를 하나 시키고 사이드 메뉴로 시켜서 눈으로 먼저 즐기고 맛보도록 하자.

다음은 후에를 대표하는 두 그릇이다. 우선 반 베오(bánh bèo)를 보자. 반베오는 작은 접시에 쌀가루와 타피오카 가루를 섞어 반죽한 것을 평평하게 담고 쪄낸 뒤 그 위에 여러 고명을 얹어내어 먹는 음식이다. 워낙 양이 적기 때문에 한 그릇만 서빙되지 않고 여러 그릇이 함께 내어져 나와 처음엔 조금 당황스럽다.

고명으로 얹어지는 재료들은 건조된 재료들이 많은데 말린 고기나 새우를 찧어서 올린다던가 돼지껍질 튀김을 작게 잘라서 파와 함께 얹어 내어진다. 그 위에 느억짬 소스를 숟가락으로 조금 붓는다. 마지막으로 숟가락으로 잘 떠서 먹으면 되는데, 전분이 들어가 있어 쫀득하면서도 그릇에 달라붙지 않고 잘 떨어진다. 중부에서는 새우와 돼지고기 고명으로 대부분 나오지만, 남부에서는 녹두를 으깨어 토핑으로 얹기 때문에 더 고소하고 달콤하다.

 반베오를 먹으면 '큰 접시에 한 번에 담으면 되지 않나? 왜 여러 개로 나누어서 만들까?'라는 생각이 든다. 하지만 이 음식이 후에 왕궁에서 먹었던 음식임을 생각하면 단번에 이해할 수 있다. 진수성찬으로 이루어진 각각의 음식들을 맛보기만 해도 이미 배가 불렀을 테니 말이다. 그래서인지 이 음식은 베트남에서는 간식처럼 먹는 음식이다. 출출할 시간에 간단하게 먹기 딱 좋다.

반베오와 더불어 길거리에서 자주 만날 수 있는 음식이 있다. 바로 반봇록(Bánh bột lọc), 후에를 대표하는 두 번째 장식적인 음식이다. 반(Bánh)은 쌀로 만든 음식이나 떡, 봇(bột)은 빻은 가루, 록(lọc)은 맑다는 뜻이다. 즉, 맑게 보이는 떡이라는 뜻인데, 그 이름처럼 반봇록은 삶아 놓았을 때 아주 투명해서 안에 넣은 소가 다 보인다. 이는 타피오카 가루로 반죽하였기 때문이다. 반죽 안에 들어가는 소는 새우, 돼지고기, 버섯 등이 가장 대표적이다. 또한 투명한 만두피에 비치는 소를 강조하기 위해 반봇록에 넣는 새우는 찢거나 자르지 않고 통으로 넣는 경우가 많다.

반봇록을 만드는 방법은 우리가 만두를 만드는 방법과 크게 다르지 않다. 우선 피를 만드는데, 타피오카 가루에 뜨거운 물을 부어 잘 반죽한 뒤 동그란 모양으로 작게 둥글리고 평평하게 편다. 이후 속에 소를 넣고 만두처럼 감싸면 된다. 이렇게 만들어진 것을 그대로 끓는 물에 삶은 뒤 찬물에 헹궈 먹기도 하지만, 한 번 데친 바나나 잎에 넣은 뒤 찌면 향긋함이 배어 더 맛있게 먹을 수 있다. 반봇록은 길거리에서 자주 판매되는 음식이기 때문에 포장을 위해 바나나 잎으로 싸서 판매되는 것을 훨씬 더 많이 볼 수 있을 것이다.

 반봇록도 반베오처럼 주식으로 먹기는 어렵고 간식이나 사이드 메뉴로 먹기에 좋은데, 특히 새우가 들어간 반봇록은 쫀득한 피 안에 바삭한 건새우가 있어 식감과 맛이 뛰어나다.
베트남 중부에서 자주 볼 수 있는 반봇록과 비슷하게 생긴 두 가지를 더 소개하자면 반남(Bánh Nậm)과 반잇라가이(Banh Ít Lá Gai)가 있다. 반남과 반잇라가이는 뒤에 고이꾸온을 소개할 때 더 상세히 소개한다.

## • 추천 화이트 로즈/ 골드 로즈 식당

### 1) 화이트로즈 레스토랑(Nhà Hàng Bông Hồng Trắng)

533 Đ. Hai Bà Trưng, Phường Cẩm Phô, Hội An, Quảng Nam

반 바오 반 박(화이트 로즈)와 호안탄 찌엔(골드 로즈)만 판매하는 곳이다. 그만큼 이 두 가지 음식에 자신 있다는 표현일 것이다. 해외 매체에도 여러 번 소개될 만큼 화이트 로즈의 원조라 불리는 곳이며 명성에 맞게 늘 관광객들로 북적인다. 다른 곳과 비교했을 때 특별한 차이는 느끼지 못했지만, 원조를 찾는다면 꼭 한 번 가볼 만한 곳이다.

## 2) 모닝글로리 오리지널 (Morning Glory Original)

106 Nguyễn Thái Học, Phường Minh An, Hội An, Quảng Nam

호이안의 대표 음식들을 한 번에 모두 맛보고 싶다면 이곳만큼 좋은 곳도 없다. 호이안에서 유명한 쉐프인 뷔(Vy)가 운영하는 곳인 만큼 청결, 플레이팅의 세련됨, 맛 무엇 하나 빠지지 않는다. 현지 물가에 비해 가격이 좀 비싼 편이다. 강변이 내려다보이는 곳에 위치해 있어 밤에 가면 더욱 멋지다.

### 3) 미스 리(Miss Ly)

08 La Hối, Phường Minh An, Hội An, Quảng Nam

뷔의 식당 못지않게 유명한 곳이다. 호이안 대표 맛집의 양대 산맥이라 표현할 수 있을 만큼 늘 손님으로 북적인다. 호이안을 대표하는 음식들을 대부분 맛볼 수 있지만 역시 관광지 중심에 있는 만큼 가격은 비싼 편이다. 관광지 속 많은 식당 중 실패하지 않는 맛집을 찾는다면 가보길 추천한다.

# • 추천 반베오 반봇록 식당

### 반베오 바 베(Bánh bèo Bà Bé)

100 Hoàng Văn Thụ, Phước Ninh, Hải Châu, Đà Nẵng

오래된 노포인 이곳은 늦은 오후 시간에도 현지인들이 찾아와 간식을 즐겨 먹곤 한다. 이곳은 반베오, 반봇록 등 간단한 간식거리로 즐길만한 음식들만 판매하고 있어 식사를 염두에 두고 오기엔 적합하지 않다. 가게에서는 6개 간식류 믹스로 시키길 권하는데, 생각보다 양이 많으므로 두세 개만 시키는 것이 좋다. 메뉴판에 가격이 쓰여 있지 않으니 가격을 확인 후 주문하도록 하자.

Part
05

알고 먹으면
더 맛있는

베트남 음식
먹어보기

## • 베트남 음식 중 전 세계적으로 가장 유명한 퍼

베트남을 대표하는 음식은 여러 가지가 있겠지만, 전 세계적으로 유명한 베트남 음식을 꼽으라면 단연코 쌀국수 퍼(phở)일 것이다.

 퍼는 칼국수 면처럼 생긴 '면'을 뜻하는 반 퍼(bánh phở)의 의미이기도 하지만 총체적으로는 쌀국수를 뜻한다. 따라서 육수가 어떤 것이냐에 따라서 소고기이면 퍼 보(Phở bò), 닭고기이면 퍼 가(Phở gà)로 나누어 부른다. 퍼 보와 퍼 가 외에도 돼지고기가 들어가면 헤오(heo), 채식이면 짜이(chay)를 붙인다. 하지만 대부분은 퍼 보와 퍼 가가 가장 많다.

이렇게만 메뉴에 쓰여 있다면 베트남 음식점에 들어갔을 때 주문하기 수월하겠지만, 고명을 어떤 것을 얹느냐에 따라 이름이 달라진다. 쌀국숫집 메뉴판에 가장 많이 등장하는 메뉴명을 알아보자.

## 소고기 쌀국수 퍼 보(Phở bò)

퍼 따이(Phở tái) : 얇게 자른 고기를 살짝 데쳐 고명으로 올린 것

따이(tái) : 살짝 데쳐진 얇은 소고기

따이 밤(tái băm) : 다져져서 나오는 얇은 날 소고기

따이 송(tái sống) : 샤부샤부처럼 얇은 날 소고기

따이 란(tái lăn) : 볶아서 올린 소고기

따이 남(tái nạm) : 얇은 날 소고기와 양지

따이 친(tái chín) : 반숙과 완숙된 소고기가 혼합된 것

퍼 남(Phở nạm) : 소고기 양지가 고명으로 올라간 쌀국수

퍼 거우(Phở gầu) : 소고기 치맛살이 고명으로 올라간 쌀국수

퍼 찐(Phở chín) : 푹 삶은 양지가 고명으로 올라가는 쌀국수

퍼 건(Phở Gân) : 힘줄이 들어간 소고기 쌀국수

퍼 밥(Phở bắp) : 소고기 사태가 고명으로 올라간 쌀국수

퍼 비엔(Phở viên) : 미트볼이 고명으로 올라간 쌀국수

퍼 닥비엣(Phở đặc biệt) : 모듬. 여러 고명이 올라가 푸짐한 것

# 닭고기 쌀국수 퍼 가(Phở gà)

까 두이(Gà đùi) : 닭 다리가 들어간 쌀국수

까 르언(Gà lườn) : 닭가슴살이 들어간 쌀국수

까 깐 (Gà cánh) : 닭 날개가 들어간 쌀국수

퍼 닥비엣(Phở đặc biệt) : 모듬. 여러 고명이 올라가 푸짐한 것

참고로 크기를 고르기도 하는데, 뇨(nhỏ)는 작은 것, 런(lớn)은 큰 것을 뜻한다.

쌀국수 음식점 메뉴판에서 종종 퍼 하노이(phở Hà Nội)라고 쓰인 음식 이름을 볼 수 있는데, 이는 우리나라 음식으로 치면 원조라는 뜻이자 하노이 스타일 쌀국수라는 뜻이다. 대체로 베트남 남부의 쌀국수는 달고 기름지지만 북부는 담백하다. 쌀국수 가게 이름 앞이나 메뉴명 앞에 퍼 박(phở Bắc) 또는 퍼 하노이(phở Hà Nội)라고 쓰여 있다면 북부 쌀국수를 지향하는 곳이기 때문에 맑고 담백한 육수에 쪽파와 향채가 많이 올라가 있을 가능성이 크다. 반면 가게 이름 앞이나 메뉴명 앞에 퍼 남((phở Nam) 또는 퍼 사이공(phở Sài Gòn)이라고 쓰여 있다면 쇠고기 힘줄, 닭고기를 사용한 감칠맛 나는 육수에 해선장과 칠리소스가 나오고 다양한 향채와 숙주나물, 얇게 잘린 양파 초절임이 함께 나올 가능성이 크다.

앞서 이야기한 것처럼 쌀국수의 원조는 북부 하노이이다. 하노이에서 시작된 쌀국수의 기원에는 대표적인 세 가지 설이 있지만, 그 모든 설이 융합된 것이 지금의 쌀국수 퍼(Phở)를 탄생시켰다고 할 수 있다. 첫 번째 설은 하노이 사람들이 먹던 음식인 물소 고기 요리 '싸오 쩌우(xáo trâu)'가 변형된 것이라는 것이고 두 번째 설은 베트남으로 이주한 중국인들이 자신들이 즐겨 먹던 우육면(牛肉麵, 牛肉粉)을 유행시킨 것이라는 것, 그리고 세 번째는 프랑스에 통치되던 식민지 시절 프랑스 음식인 포토푀(pot-au-feu)에서 유래된 것이라는 것이다. 어떤 유래가 정설이기보다는 베트남의 역사적, 지리적 환경에 맞추어 변화되고 융화되었다고 보는 것이 맞을 것이다.

전 세계인의 사랑을 받는 음식인 쌀국수 퍼(Phở)가 유명해진 데에는 베트남의 아픈 현대사 역사인 보트 피플이 있었기 때문이다. 지금의 우리나라처럼 이념에 따라 남북으로 나누어졌던 베트남이, 1975년 북부 베트남의 주도로 통일되면서 공산주의 이념을 거부하는 남부 베트남 사람들의 대거 망명이 생겨났다. 이들은 난민이 되어 전 세계에 퍼져나갔고 이는 베트남 음식의 세계화에 단초가 되었다.

오늘날 한국에서 먹게 되는 값비싼 쌀국수 퍼(Phở)는 베트남 성장의 위상을 보여주는 일이 되었다. 하지만 이 음식의 세계화에 깔린 밑 배경을 알고 먹게 되면, 한 그릇의 음식이 아닌 한 그릇의 역사가 보이게 된다. 특히 우리나라처럼 분단국가의 아픔을 잘 알고 있는 나라라면 더욱 그러할 것이다.

• 추천 퍼 맛집

### 1) 냐 벱 수아 (Nhà Bếp Xưa Restaurant)

64B Hà Bổng, Phước Mỹ, Sơn Trà, Đà Nẵng 550000 베트남

번화가에 위치한 곳임에도 가격이 저렴하고 맛도 좋다. 깔끔한 실내에는 에어컨이 틀어져 있어 시원하고 쾌적하게 식사할 수 있다. 쌀국수뿐만 아닌 베트남 가정식을 다양하게 맛볼 수 있으며 향신료를 강하게 사용하지 않아 관광객들의 입맛에 적절히 잘 맞추었다. 향채가 따로 듬뿍 나오므로 원하는 만큼 조절해서 쌀국수에 넣어 먹기 좋다.

## 2) 포 박 63(Phở Bắc 63)

203 Đống Đa, Thạch Thang, Hải Châu, Đà Nẵng

1975년부터 자리를 지켜온 오래된 맛집이다. 꽤 큰 규모임에도 불구하고 식사 시간에는 자리 잡기 어려울 만큼 현지인들도 즐겨 찾는 곳이다. 가격은 보통 로컬 쌀국수집보다 비싼 편이지만 국물이 무척 진하고 고기양도 많다. 에어컨은 없지만 선풍기가 여러 대 있어 크게 덥다고 느껴지진 않는다.

## • 찍먹파는 분짜 부먹파는 분팃느엉

 2016년 베트남 음식 중 하나인 분짜(bún chả)가 요리계의 대스타가 되는 일이 있었다. 하노이를 공식 방문한 미국의 오바마 전 대통령이 비공식적 저녁 메뉴로 하노이 로컬 음식점에서 분짜를 즐기는 사진 한 장이 보도되면서부터다. 세계적인 유명 요리사 안소니 부르댕과 함께한 이 자리를 통해 사람들은 '분짜가 어떤 음식이길래?'라는 호기심부터 소박함과 문화적 포용을 내세운 오바마다운 외교적 제스처라는 정치적 견해까지, 전 세계 매스컴을 들썩이게 했던 일명 '분짜 외교'를 통해 분짜는 일약 스타덤(stardom)에 올랐다.

분짜는 다진 고기를 양념해 뭉친 뒤 숯불에 구운 짜(chả)와 쌀국수 면 종류 중 하나인 분(bún)을 각종 채소, 향채와 함께 느억짬 소스에 찍어 먹는 음식이다. 분짜에 쓰이는 고기 짜(chả)는 돼지고기를 사용하고 생선 소스, 설탕, 후추 등으로 양념하여 구워내는데, 숯불에 굽는 음식이기 때문에 향이 덧입혀져 맛있는 숯불 바비큐가 된다.

분(bún)은 우리나라 소면을 생각하면 되고 곁들임 채소는 고수, 민트, 타이 바질 등 향채가 푸짐하게 차려진다. 찍어 먹는 소스인 느억짬은 생선 젓갈 느억맘을 희석하여 설탕, 파파야 라임즙 등을 추가해 만든 달콤새콤한 소스이다. 대개 잘 구워진 짜(chả)를 느억짬 소스에 담가 나오는데 따로 나오는 때도 있다.

베트남 북부에서는 분짜를 많이 먹지만 분짜의 남부 형태인 분팃느엉(Bún thịt nướng)도 찾아볼 수 있다. 쌀국수 분(Bún), 고기라는 뜻의 팃(thịt), 굽는다는 뜻의 느엉(nướng)이 합쳐진 음식이다.

 분팃느엉은 분짜처럼 재료들이 따로 접시에 나오지 않고 비빔밥처럼 한 그릇에 모여있는 음식이다. 양념을 강하게 하는 남부 출신 음식답게 절인 채소들(대개 채 썬 양파, 당근, 파파야 등)이 분, 짜, 채소 및 향채들과 함께 그릇에 올라가고, 마지막으로 부순 땅콩을 듬뿍 고명으로 올린다.

가장 큰 차이점이라면 첫 번째는 느억짬 소스를 조금씩 부어 비벼 먹는다는 것이다. 일명 '부먹(소스를 부어 먹는)'은 분팃느엉, '찍먹(소스에 찍어 먹는)'은 분짜라고 표현할 수도 있겠다.

두 번째는 고기가 다르다. 분짜의 고기는 다져진 고기를 뭉쳐 구운 것인데 반해 분팃느엉의 고기는 지방이 고루 섞여 있어 씹었을 때 식감이 좋은 부위를 골라 구워낸 고기이다.

분팃느엉과 매우 유사하면서 고기를 돼지고기 대신 소고기를 쓰는 분보남보(Bún bò nam bộ)도 있다. 소고기(보 : bò)와 쌀국수 분(Bún)을 느억짬과 함께 남부(남보 nam bộ) 스타일로 비벼 먹는 음식이라는 뜻인데 잘게 채 친 소고기, 쌀국수 분, 채소와 향채, 절인 채소, 튀긴 양파, 튀긴 마늘, 부순 땅콩 등이 함께 올라간다. 전형적인 남부 스타일 음식임에도 불구하고 독특하게도 이 음식은 하노이에서 처음 만들어졌고 중부나 남부에서는 찾아보기 힘들다.

왠지 푸짐해 보이는 한상차림에도 불구하고 고기가 적다고 느껴진다면 추가로 곁들여 먹을 음식으로 넴루이(Nem lụi)를 추가 주문하면 좋다. 넴 루이는 다진 고기를 레몬그라스 줄기에 뭉쳐 구운 요리이다.

숯불로 굽는 요리인 만큼 분짜나 분팃느엉을 판매하는 곳에는 넴루이를 함께 판매하는 곳이 많다.

넴루이와 비슷한 꼬치 요리로는 고기를 다지지 않고 덩어리를 잘라서 꼬치에 꽂은 형태인 팃 느엉(thịt nướng, 또는 넴느엉 Nem nướng)이 있다. 팃 느엉, 넴 느엉, 넴 루이 모두 구분하지 않고 혼용해서 쓰기도 하지만 팃 느엉은 '고기구이'라는 의미가 강하고 넴 느엉과 넴루이는 말아져 있다는 뜻의 '넴(Nem)'을 써서 다진 고기를 꼬치에 돌돌 말아 구운 음식을 의미한다. 둘은 혼용해서 많이 사용하지만 중부에서는 '넴루이'라는 표현을 더 많이 쓰며, 후에(Huế) 지방에 가면 돼지고기를 둥글게 완자 모양으로 만들어 구운 꼬치구이도 넴루이라고 부른다.

 불고기의 맛을 아는 우리나라 사람들에겐 호불호 없이 맛있게 먹을 수 있는 분짜 혹은 분팃느엉. 베트남에 가면 꼭 먹어봐야 할 음식이므로, 가게 밖 석쇠에서 그을려 구워지고 있는 고기를 본다면 분짜건 분팃느엉이건 간에 지체 없이 들어가도록 하자. 숯불 향이 알싸하게 풍기는 고기를 일단 한 입 먹고 나면 두 음식을 구분하는 의미가 없어져 버릴 지경이 될 것이다.

팃느엉

• 추천 분짜 분팃느엉 맛집

### 1) 분짜 하노이(Bún chả Hà Nội An)

95A Nguyễn Chí Thanh, Thạch Thang, Hải Châu, Đà Nẵng

가게 앞 숯불에 그을려지고 있는 고기를 보면 절로 입맛을 다시며 들어가게 되는 곳이다. 이곳은 분짜 전문점인 만큼 가게에 들어선 뒤 자리에 앉자마자 주문하지 않았어도 채소 그릇과 '분(Bún)'을 갖다주니 놀라지 말자. 오후 3시에 영업이 끝나지만 현지인, 관광객 모두에게 인기가 많은 맛집이라 재료소진 시 영업이 끝나기 때문에 일찍 가는 것이 좋다.

## 2) 꼬 투 (Co Thu BBQ Restaurant)

83 Bà Triệu, Phường Minh An, Hội An, Quảng Nam

쾌적하고 널찍한 가게는 통풍이 잘되어 선풍기만으로도 시원하다. 이곳은 팃 느엉과 분팃느엉을 판매하는데, 팃 느엉은 가져다줄 때 어떻게 먹는지 방법도 친절히 설명해 준다. 짭짤하고 달달한 소스가 입혀진 구이는 맛있는 향이 입혀져 있어 더욱 입맛을 돋운다. 다른 식당보다 주류도 무척 저렴하므로 식사 후 한 잔 하러 가기 좋은 곳이다.

• 겉은 바삭 속은 촉촉한 반미

 바게트와 비슷한 외양을 가졌지만 바게트는 아닌, 엄밀히는 바게트에서 유래된 빵이 있다. 바로 베트남 바게트라고 불리는 반미(Bánh mì)이다.

 반(Bánh)은 빵 혹은 떡이라는 뜻이고 미(mì)는 밀가루라는 뜻이다. 한자 떡 병(餠)에 밀 맥(麥)을 쓴다. 쌀가루를 혼합해서 만들기 때문에 쌀 미(米)에서 유래되었다고 하기도 하고, 쌀가루로 만든 음식 종류라는 뜻으로 국수 면(麵)에서 유래되었다고 하기도 한다.

　반미가 처음에는 서양의 빵이라는 뜻의 반떠이(bánh tây)라고 불렸던 것을 생각했을 때 '밀'이라는 뜻이 더 맞을 것 같지만, 현재 베트남에서 반미를 만들 때는 쌀가루와 밀가루를 혼합해서 쓰는 곳도 있기 때문에 '쌀'이라고 해도 무방할 것 같다. 쌀가루건 밀가루건, 덕분에 겉은 바삭하고 속은 촉촉한 반미가 탄생했으니 그저 감사한 일이다.
　반미는 정확히는 빵을 일컫는 말이다. 우리가 바게트를 떠올릴 때 샌드위치를 떠올리지 않듯, 반미도 속에 무엇을 채우느냐에 따라 반미 뒤에 재료 이름을 붙여 이름이 달라진다. 예를 들면 반미 쯩 옵 라(Bánh mì trứng ốp-la)는 계란 후라이라는 뜻의 쯩 옵 라(trứng ốp-la)를 뒤에 붙여서 계란 후라이가 들어간 반미가 된다. '반미 쯩 옵 라'는 베트남에서 아침 식사로 많이 먹는 반미이다.

베트남 사람들이 반미를 먹게 된 이유는 프랑스의 영향이 크다. 베트남 마지막 왕조인 응우옌 왕조 시기는 전 세계적으로 제국주의의 위협을 받고 있던 시대였다. 이 시기 프랑스는 베트남에 눈독을 들이고 베트남에서의 가톨릭 박해를 핑계(1858년)로 다낭을 공격하였고 이후 1862년 베트남 남부를 중점 식민지로 삼으며 본격적으로 식민 지배를 시작하였다. 그리고 1954년 디엔비엔푸 전투에서 프랑스가 패배하기까지 100여 년에 가깝게 베트남에 영향을 끼쳤으므로 베트남 역사 및 문화 곳곳에 자리 잡게 된다. 이 때문에 반미를 처음 먹기 시작한 곳도 베트남 남부 지역인 호찌민(사이공)이었으며 프랑스 지배가 오래되면서 베트남 전역에 영향을 미치게 되었다. 반미를 만드는 주재료가 밀인 까닭에 처음에는 사치품처럼 여겨지는 음식이었으나 베트남의 쌀가루와 혼합하여 만들어지게 되면서 대중화된 음식으로 변모하게 되었다.

오늘날 반미 속을 채우는 재료 중 프랑스의 영향을 찾아볼 수 있는 대표적인 재료가 있는데, 바로 파테(Pate)이다. 프랑스 고급 음식 중 하나인 푸아그라를 떠올리면 쉽다. 푸아그라도 파테의 종류 중 하나이다. 파테는 곱게 간 고기에 각종 허브와 향신료를 섞어 구워서 만드는 요리이다. 곱게 갈린 정도와 돼지기름 추가 정도에 따라 스팸처럼 된 파테도 있고 잼처럼 발라 먹는 파테도 있다.

베트남 파테의 주된 재료는 돼지나 닭의 간이다. 끓인 간과 고기를 돼지기름과 함께 갈아 향신료를 추가하여 만든다.

앞서 이야기한 것처럼 속 재료를 무엇으로 채우느냐에 따라 반미의 이름이 달라지는데, 다음과 같은 재료 이름을 통해 반미 가게에서 골라 먹을 수 있다.

### Bánh mì thịt nướng(반미 팃 느엉)

구운 고기라는 뜻이다. 돼지고기로 만든 햄이나 고기 등을 넣어 만든다. 가장 쉽게 그리고 많은 곳에서 접할 수 있는 반미이다. 느엉(nướng)을 빼고 반 미 팃(Bánh mì thịt)이라고 쓰여 있는 곳들도 많다.

### Bánh mì trứng ốp-la(반미 쯩 옵 라)

계란 후라이가 들어간 반미. 쯩(trứng)을 빼고 옵 라(ốp-la)라고 쓰여있기도 하다. 야채 없이 계란 후라이만 넣고 칠리소스 또는 간장 소스를 뿌려 먹는 경우가 많다.

### Bánh mì chà bông(반미 짜봉)

돼지고기에 생선 소스와 설탕을 넣어 삶은 후 절구로 찧는다. 이후 찧은 고기를 볶은 뒤 실처럼 만든 것이 짜봉이다. 토핑으로도 많이 쓰인다.

### Bánh mì xá xíu(반미 싸 씨우)

싸 씨우는 차슈다. '팃 느엉(thịt nướng)'과 함께 쓰여있기도 하고 '싸 씨우(xá xíu)'만 쓰여있기도 하다. 잘 구운 삼겹살을 먹는 식감이지만 향신료를 가미해서 굽기 때문에 호불호가 있다.

### Bánh mì heo quay(반미 해오 꾸아이)

돼지 통구이라는 뜻의 해오 꾸아이(heo quay). 통구이가 다져져 있거나 가게 위에 통째로 걸려 있기도 하다.

### Bánh mì bì(반미 비)

'비'는 껍질이란 뜻으로 껍데기가 붙은 돼지고기를 얇게 채 썬 것을 말한다. 고소한 맛이 있어 반미 외에도 여러 음식의 고명으로 쓰인다.

### Bánh mì xiu mại(반미 씨우 마이)

고기를 둥글게 빚어 토마토소스에 조린 것. 우리가 흔히 아는 미트볼이다.

### Bánh mì chả lụa(반미 짜 루아)

베트남식 햄이다. 곱게 간 돼지고기에 마늘 및 피쉬소스를 넣고 둥글게 모양을 낸 뒤 바나나 잎으로 감싼 뒤 쪄서 만든다. 얇게 저미면 샌드위치용 햄처럼 생겼는데, 가게에 따라 반미 안에 큼직큼직하게 썰어 넣기도 한다.

### Bánh mì chả bò(반미 짜 보)

짜 루아가 돼지고기 햄이라면 짜 보는 소고기 햄이라고 할 수 있다. 마찬가지로 향신료를 섞어서 만든다.

### Bánh mì gà nướng(반미 까 느엉)

'까'는 닭이다. '느엉'은 굽는다는 뜻이므로 구운 닭을 넣은 반미이다. 닭의 잡내를 잡기 위해 향신료로 양념해 굽는다. 지지다, 굽는다는 뜻의 áp chảo(압 짜오)를 넣어 Bánh mì gà áp chảo(반미 까 압 짜오)라고 쓰여 있는 곳도 있다.

### Bánh mì chả cá(반미 짜 까)

cá(까)는 생선이라는 뜻이다. 베트남식 어묵을 튀겨서 속 재료로 넣는다. 대부분 칠리소스를 뿌려 먹는다.

시대에 맞게 현대화된 속 재료들도 추가되기 시작했는데, 우리가 흔히 아는 소시지라는 뜻의 쑵 씻(xúc xích), 베이컨을 뜻하는 팃 쏭 코이(thịt Xông khói), 치즈라는 뜻의 포 마이(phô mai)가 대표적이다.

이외에도 부재료를 섞거나 양의 증감에 따라 우리가 흔히 아는 스페셜, 믹스를 붙여 반미를 부르기도 하는데 아래와 같이 쓴다.

### Bánh mì đặc biệt(반미 닷 비엣)

'닷 비엣'이 특별하다는 뜻이다. 즉 속 재료를 풍성하게 넣어 만든 것. 스페셜 반미라고 보면 된다.

### Bánh mì thập cẩm(반미 텁 껌)

'텁 껌'은 혼합이라는 뜻이다. 속 재료들을 섞은 믹스 반미라고 보면 된다.

마지막으로 채식주의자를 위한 반미도 있다. Bánh mì chay(반미 짜이)가 그것인데, 속 재료로는 두부라는 뜻의 더으 후(đậu hũ), 버섯이라는 뜻의 넘(nấm)이 대표적이다. 이러한 속 재료들을 오이나 양파 같은 채소, 소금과 식초에 절인 파파야, 무, 당근과 함께 먹고 당연히 향채도 들어간다. 기본 소스는 마요네즈 혹은 칠리소스인데 칠리소스가 어떤 속 재료와도 잘 어울려 더 많이 쓰인다.

베트남 관광지에서는 베트남어 밑에 영어로도 해당 반미가 어떤 것을 속 재료로 넣는지 잘 나와 있는 경우가 많다. 관광지가 아닌 현지인들이 많이 가는 곳에서 먹어보고 싶을 때는 명칭을 따로 보여주면 큰 문제 없이 구매할 수 있다.

## • 추천 반미 맛집(다낭)

### 1)) 반미 코티엔(Bánh mì Cô Tiên)

80 Đ. Trần Phú, Hải Châu 1, Hải Châu, Đà Nẵng

골목길 안쪽으로 굽이굽이 들어가야 해서 찾기는 좀 어렵다. 가게 규모는 작은 편이지만 깨끗하고 에어컨도 시원하다. 바삭하게 잘 구워져 나오는 반미의 맛이 아주 좋고 속 재료도 충실하다. 전통적 방식의 반미라고 보기는 어려우나, 이만한 가격에 에어컨이 나오는 실내에서 편하게 반미를 먹을만한 곳이 많이 없다.

## 2) 반미 바다오(Bánh Mì Bà Đào)

59 An Thượng 2, Bắc Mỹ An, Ngũ Hành Sơn, Đà Nẵng

미케비치와 아주 가깝고 반미 명칭이 영어로 쓰여 있어 원하는 반미를 선택해 먹기 편리하다. 반미 가격이 저렴하므로 대부분 음료를 시켜 함께 먹는다. 에어컨 없이 야외에서 먹어야 하므로 더위를 감수해야 하지만 가볍게 간식 삼아 먹고 빨리 일어나 가는 분위기다. 로컬이기 때문에 위생은 감안해야 하며 칠리소스를 가득 넣은 계란 반미가 가장 무난하고 맛있다.

# • 추천 반미 맛집(호이안)

### 1) 마담 콴(Madam Khanh)

115 Trần Cao Vân, Phường Minh An, Hội An, Quảng Nam

작지만 깨끗하게 관리되고 있다. 가장 유명한 반미는 믹스 반미인데, 이곳을 유명하게 만든 파테가 듬뿍 들어간다. 가게에 준비된 매콤한 소스를 조금 넣어서 먹으면 달면서도 짭짤한 파테와 무척 잘 어울린다. 선풍기만 있어서 무더우므로 포장하거나 저녁에 가서 먹기를 추천한다.

## 2) 반미 프엉(Bánh Mì Phượng)

2b Phan Chu Trinh, Cẩm Châu, Hội An, Quảng Nam

호이안에서 가장 유명한 반미 가게라면 역시 반미 프엉일 것이다. 미국 유명 쉐프 안소니 부르댕의 극찬에 힘입어 유명해졌다. 가장 유명한 메뉴는 믹스 반미인데, 바삭하면서 고소한 빵, 상큼하면서 시원한 오이, 살짝 짜면서 달달한 고기와 고수의 한 방 펀치가 무척 조화롭다.

• 숟가락으로 먹는 국수 반깐(Bánh canh)

　베트남 국수의 종류는 정말 다양하다. 길쭉하고 부들부들한 식감의 칼국수 모양 퍼, 먹어도 질리지 않는 따끈한 밥처럼 부담 없이 입으로 술술 들어가는 둥근 원통 모양의 분, 라면 식감에 얇고 고소해서 볶음 요리에 자주 쓰이는 미, 쫄면을 섞은 듯한 독특한 식감의 까오러우 면 등 면의 생김새와 식감이 각각에 어울리는 국물, 소스, 고명과 한데 어우러져 맛있게 먹을 수 있도록 기가 막힌 설계가 되어 있다. 그런 면에서 반깐(Bánh canh)은 설계자가 누구인지 궁금할 정도로 한국인의 입맛에 잘 맞는다. 처음 먹어보는 맛인데도 이미 예전에 많이 먹어본 듯한 착각을 일으킬 정도이니 말이다.

'반깐'은 베트남에서 자주 쓰이는 일반적인 면과 다르게 녹말의 비율을 높여 면을 만든다. 이 녹말은 카사바 뿌리를 말려 갈아낸 것을 쓰는데, 우리가 익히 아는 버블티의 타피오카 펄을 만들 때도 쓰인다. 그렇다고 타피오카 펄처럼 쫀득한 식감은 아니다. 쌀과 혼합했기 때문에 쌀의 부들부들한 식감이 섞여 있다.

 면의 두께는 우동면만큼 두껍다. 베트남 국수 면 중 단연 크기가 굵은 편이라 할 수 있겠다. 그런데 녹말이 들어갔으니 당연히 국물에 점성이 생길 수밖에 없다. 그리고 이 점성으로 인해 먹었을 때 포화감이 생긴다.

반깐의 반(Bánh)은 쌀로 만든 국수 면이나 음식을 총칭할 때 쓰고 깐(canh)은 국이라는 뜻이다. 현재 베트남에서 판매되는 반깐은 다양한 재료와 토핑을 넣어 화려하게 차려지는 한 그릇이지만 원래 반깐은 면이 그릇을 거의 다 차지할 정도로 통통하고 녹말이 국물에 풀어져 있어 마치 죽처럼 느껴진다. 이 음식이 베트남 최후 왕조였던 응우옌 왕조 시기 가난한 서민들의 구휼 음식으로 쓰였던 만큼 포화감은 반깐에 있어서 중요한 요소였다.

 반깐의 종류 중 가장 유명한 반깐은 반깐꾸아(Bánh canh cua)이다. 꾸아(cua)는 '게'라는 뜻인데 반깐 육수를 만들 때 게를 껍질 채 빻아서 넣는다. 그 때문에 국물에 부서진 게살이 여기저기 보인다. 통째로 게를 빻아서 넣었기 때문에 게 내장과 껍질이 포함된 국물은 감칠맛을 돋우는 역할을 한다. 반깐 육수의 또 다른 깊은 맛의 비결은 돼지

뼈와 돼지 족을 푹 끓인 육수에 있다. 담백하면서도 감칠맛이 도는 국물이지만 녹말의 점성으로 국물이 더욱 진득하게 느껴진다.

면 위에 함께 올려지는 재료들은 돼지 족, 게살(또는 게 완자), 짜 까(어묵), 새우 등이다. 베트남 어느 쌀국수 식당이나 마찬가지이지만 푸짐한 토핑이 얹어진 국수를 주문하고 싶다면 음식명 옆에 닥 비엣(đặc biệt)이라고 쓰여 있는 것을 시켜야 한다. 영어 메뉴판에는 스페셜(special)이라고 써 있다.

 반깐을 시키면 젓가락과 숟가락을 함께 내어준다. 반깐 면을 먹을 때 처음에는 젓가락으로 먹게 되지만 뚝뚝 끊어져 버리기 때문에 먹다 보면 짧게 끊어진 면들만 남아 있게 된다. 그래서 반깐은 마지막으로는 숟가락으로 퍼서 먹게 된다. 이때 원래보다 진득해진 국물을 함께 퍼서 먹게 되는데, 이 맛이 반깐을 먹을 때의 백미라고 할 수 있다.

• 숟가락으로 먹는 국수 반깐(Bánh canh)

마지막으로 반깐을 시키면 튀겨진 길쭉한 빵이 함께 나오는 식당이 많다. 잘려져 있거나 길쭉한 모양 그대로 나오는데 마지막 반깐 국물에 찍어 먹으면 정말 맛있다. 단, 유료로 계산되는 식당이 많으므로 프리(free)? 또는 미엔 피 아?(Miễn phí ạ?)라고 물어본 뒤 원치 않으면 치워달라고 하거나 손대지 않으면 계산되지 않는다. 하지만 우리 돈 100원에서 200원 정도이니 먹어보길 추천한다. 밥 먹고 후식으로 빵 먹는 게 가능한 것처럼 요 튀김 빵이 또 술술 들어간다.

• 숟가락으로 먹는 국수 반깐(Bánh canh) 147

• 추천 반깐 맛집

### 1) 반깐 까 록 후에(Bánh canh cá lóc Huế)

268 Đống Đa, Thanh Bình, Hải Châu, Đà Nẵng

시원한 육수에 잘게 썬 파가 듬뿍 올려져 있다. 면발이 통통하지만 쉽게 뚝뚝 끊어지므로 함께 나온 숟가락으로 면을 퍼서 먹는 것이 좋다. 토핑으로 나오는 어묵은 탱탱하고 쫄깃하다. 가게가 전체적으로 깔끔하고 곁들여 먹을 수 있는 음식이 테이블 위에 있다. 가격이 저렴하므로 하나 먹어보는 것을 추천한다. 길쭉한 빵 반 꾸어이는 시키면 여러 개 나오는데, 먹은 만큼만 계산되므로 걱정하지 않아도 된다.

## 2) 몬 후에(Món Huế - Hội An)

bán lồng đèn, vào nhà tầm nhà, K128/9, hẻm Nguyễn Trường Tộ, thứ 6, Hội An, Quảng Nam

골목길에 있는 진짜 현지인 맛집이다. 작은 규모이지만 깨끗하고 탁 트여 있어 시원하다. 반 깐 국물이 맑은데도 한 입 떠먹으면 진하고 감칠맛이 좋다. 가격이 저렴하므로 반 베오를 곁들일 음식으로 시키는 것을 추천한다. 또한 이곳에서 후에 명물인 껌 헨(Cơm hến)을 먹어볼 수 있으니 반 깐과 함께 먹어보도록 하자.

• 금세 한 접시 뚝딱, 고이꾸온, 반꾸온농, 반남, 반잇

### 고이꾸온

채식을 사랑하는 사람들에게 베트남은 선물 같은 곳이다. 음식 대부분에 채소가 들어갈 뿐 아니라 음식을 시키면 채소를 접시에 추가로 내주기도 한다. 하지만 많은 양의 채소를 먹었음에도 한 그릇 뚝딱 해치우고 나면 왠지 속이 허전하게 느껴진다. 베트남 식당에서 판매하는 음식들의 양이 적은 편이기도 하고 특히 포(phở)나 반깐(Bánh canh)처럼 후루룩 빨리 다 먹어버리게 되는 국수류 음식들을 먹고 나면 속이 허(虛)할 때가 많다. 이럴 때 곁들여 먹으면 딱 좋은 음식 중 하나가 바로 고이꾸온(gỏi cuốn)이다.

고이는(gỏi) 채소 샐러드 같은 음식을 말하고 꾸온(cuốn)은 둘둘 감거나 말아놓는 형태를 말한다. 베트남에서 둘둘 마는 음식 하면 떠오르는 것? 바로 라이스 페이퍼 반짱(Bánh tráng)이다. 반짱 안에 여러 재료를 넣고 돌돌 말아 먹는 것이 바로 고이꾸온이다.

고이꾸온을 만들 때 빠지지 않고 들어가는 재료는 분(bún)이다. 우리나라 소면처럼 생겼다. 분이 꼭 들어가야 든든하고 배부른 고이꾸온이 만들어진다. 여기에 아삭한 채소를 추가하고 마지막으로 여러 종류의 부재료를 더하는데, 가장 기본으로는 새우가 많이 들어간다.
  고이꾸온은 주로 느억짬에 찍어먹는데 달달하면서 짭짤한 소스가 담백한 라이스페이퍼의 간을 맞춰주고, 아삭한 채소와 해산물이 만나 산뜻함과 감칠맛 넘치는 음식이 된다.

우리나라에서는 여러 재료를 늘어놓고 반짱에 싸서 먹는 월남쌈이 고이꾸온보다 좀 더 유명하다. 사실 두 음식은 다른 음식이 아니다. 월남쌈은 재료가 흩어져 있는 것이라면 고이꾸온은 그것을 모은 형태이다. 즉, 우리나라 김밥으로 비유하자면 김밥 재료가 흩어져 있다가 그것을 말아놓은 형태로 바뀐 것이라고 말할 수 있겠다.

말아져 있는 고이꾸온은 식당 쇼케이스에서 흔히 볼 수 있고 따로 주문해야 하지만, 주문 없이 식당 테이블에 소스들과 함께 내어져 있는 곁들이 음식들도 있다. 물론 유료이므로 먹은 만큼 추가금액을 내야 하지만 그래봤자 우리나라 돈으로 200원에서 500원 정도 되는 금액이므로 부담 없이 먹을 수 있다.

## 반꾸온농

곁들일 음식으로 고이꾸온도 좋지만 좀 더 포만감을 느끼고 싶다면 반꾸온농(bánh cuốn nóng)을 추천한다. 만드는 방법은 무척 간단하다. 물이 끓고 있는 냄비 또는 솥 위에 천을 걸쳐 놓는다. 쌀가루 또는 밀가루를 묽게 반죽한 뒤 천 위에 국자를 이용해 거칠고 얇게 펴 바른다. 이후 뚜껑을 닫고 몇 초 후면 금방 반죽이 쪄내어지므로 나무젓가락을 이용해 반죽을 걷어낸다. 반죽 위에 잘게 썬 목이버섯과 다진 돼지고기를 넣고 돌돌 만다. 이렇게 만들어진 반꾸온농 위에 돼지고기, 향채, 튀긴 샬럿을 곁들이고 묽게 만든 느억짬에 찍어 먹는다.

묽은 반죽을 얇게 부쳐냈으니 그 식감의 보드라움은 이루 말할 수 없다. 특유의 부드러운 식감 덕분에 어떤 재료와도 조화를 잘 이룬다. 반죽에 콕콕 박혀있는 목이버섯도 식감을 더욱 돋게 한다.

고이 꾸온이 야채의 식감을 살려 아삭아삭하다면 반꾸온농은 반죽의 식감을 최대치로 느낄 수 있게 만들었기에 보들보들하다. 두 음식 모두 곁들이 음식이지만 반꾸온농은 좀 더 포만감을 느낄 수 있으므로 간단한 식사로 많이 먹는 음식이다. 반꾸온농의 농(nóng)이 '따뜻하다'라는 의미인데, 그 이름처럼 따뜻하게 한 그릇 먹을 수 있기에 아침 식사로 추천한다.

## 반남(Bánh Nậm)

중부지방을 대표하는 곁들이 음식으로는 반남(Bánh Nậm)과 반잇(Banh Ít)이 있다. 앞서 소개한 '반봇록'과 모양이 비슷하지만 타피오카 가루가 아닌 쌀가루 반죽을 이용해 만들고 부재료와 함께 바나나 잎으로 감싼 후 쪄내는 음식이다. 이는 후에 왕실에서 쓰이던 요리이기에 중부지방에서 자주 볼 수 있다.

'반남'은 쌀가루를 반죽해 바나나 잎에 한입 크기로 네모지게 바르고 그 위에 새우, 돼지고기 등 부재료를 얹어 쪄낸다. 반봇록처럼 볼록 튀어나와 있지 않고 평평하다. 때문에 겉모양을 보면 무엇이 반남인지 금방 알 수 있다.

## 반잇(Banh Ít)

또 다른 곁들이 음식 반잇(Banh Ít)은 맛에 따라 두 가지 이름으로 불리는데 달콤한 것(반잇라가이, Banh Ít Lá Gai)과 짭짤한 것(반잇톰팃, Banh Ít tôm thịt )으로 나뉘기 때문이다.

'반잇라가이'의 라 가이(Lá Gai)는 우리나라에도 잘 알려진 모시 잎이다. 모시송편의 색을 생각하면 반잇라가이의 색도 추측할 수 있을 것이다. 반잇라가이도 모시송편처럼 안에 소가 들어간다. 녹두를 갈아서 넣기 때문에 노란색을 띠는데, 언뜻 생각해 보면 정말 우리나라 모시송편처럼 여겨도 될 것이다. 차이점이 있다면 우리나라 모시송편은 반달처럼 만들어지지만 베트남의 반잇라가이는 삼각형 뿔 모양으로 만들어진다. 반잇라가이는 송편처럼 떡에 가깝기 때문에 식당에서 좀 더 많이 볼 수 있는 곁들이 음식은 '반잇톰팃'이다. '반남'과 비슷해 보이지만 반남처럼 납작하지 않고 좀 더 도톰하다. 또한 반잇라가이처럼 달콤한 소가 들어가지 않고 생선 소스로 양념한 새우와 고기를 소로 넣어 쪄내기 때문에 짭짤해서 국수류 음식과 함께했을 때 최고의 궁합을 자랑한다.

식당에서 위에 소개한 음식들처럼 곁들이 음식이 차려져 있다면 망설이지 말고 하나 먹어보자. 다 먹고 난 뒤 계산할 때 몇 개 먹었는지 손가락으로 보여주어도 되고, 벗겨진 바나나 껍질을 보고 계산도 가능하므로 너무 걱정할 필요 없다.

## • 무지개를 닮은 쏘이(Xôi)

아침 일찍부터 오토바이 소리가 요란한 베트남. 조금 이르다 싶을 정도로 새벽인 시간에도 놀라울 만큼 많은 사람들이 길거리에 있다. 베트남에서 하루의 시작은 이른 편이다. 날씨 때문에 그럴 수밖에 없을 것 같다는 생각이 들 만큼 한낮의 햇볕은 강렬한 데다 무덥고 습하다. 때문에 정오부터 그늘 곳곳에 누워 낮잠 자는 사람들을 흔하게 볼 수 있다. 그런데 이렇게 부지런하기로 남부럽지 않은 베트남에서 아침에만 잠깐 노점이 차려지는 곳들이 있다. 바로 쏘이(xôi) 가게들이다.

쏘이는 찹쌀밥을 말한다. 밤새 불려둔 찹쌀에 소금 간을 한 뒤 쪄낸다. 차르르 윤기 나게 잘 쪄진 쏘이는 맨밥만 먹어도 맛있지만, 쏘이 위에 여러 가지 재료를 올려서 함께 먹는 것이 대부분이다. 베트남식 햄(잠봉, dăm bông), 파테, 고기 차슈, 닭 등 원하는 재료를 골라 찹쌀밥 위에 올리고 마지막으로 튀긴 양파, 감칠맛 역할을 하는 돼지고기 실채 짜봉(chà bông), 으깨어 버터처럼 만들어둔 녹두를 흩뿌리면 완성이다.

쏘이를 맛있게 먹는 법은 밥과 다른 재료를 적당히 섞어서 먹는 것이다. 찹쌀로 만들어진 맨밥만 먹어도 떡을 먹는 느낌이 들지만 거기에 다른 재료들을 조금씩 섞어 먹으면 계속해서 변화하는 다양한 맛을 즐길 수 있다.

한국인에게 밥은 진정한 한 끼의 의미를 가진다. 빵을 배부르게 먹었다 해도 면 요리를 배부르게 먹었다 해도 이상하게 밥 한 그릇 먹은 것보다 못하다. 적더라도 꼭 밥을 먹어야 든든함을 느끼는데, 쏘이도 그렇다. 아침에 간단하게 배부르게 저렴하게 먹을 수 있는 음식은 단연 쏘이가 으뜸이다. 쏘이의 인기를 반영하듯 꽤 이른 시간에 가게에 갔지만, 쏘이를 담아 둔 대바구니 위 덮은 천을 들치자 벌써 쏘이가 얼마 남아있지 않았다.

거리에서 가장 흔하게 볼 수 있는 쏘이의 색깔은 재물운을 상징하는 노란색이다. 하얀 찹쌀에 강황이나 치자를 사용해 물들인 것인데, 명절이나 특별한 날에는 여러 색으로 물들인 쏘이를 먹는다. 특히 오행의 뜻을 담아 만드는 다섯 가지 색깔의 쏘이는 마찬가지로 천연 색소를 이용해 찹쌀밥을 물들여 만드는데 빨간색은 불, 검은색은 물, 흰색은 금속, 노란색은 흙, 녹색은 나무를 상징한다.

베트남에서는 가게나 집 곳곳마다 향을 피우는 모습을 많이 볼 수 있다. 향은 영혼의 세계와 현생의 세계를 이어주는 역할을 한다고 믿기에 가정의 평안과 복을 바라며 꽃을 바치고 향을 피운다. 이처럼 복을 기원하는 일이 일상인 베트남에서 복을 상징하는 색인 주황색과 붉은색 쏘이도 노란 쏘이만큼은 아니지만 찾아볼 수 있다.

## • 추천 쏘이 맛집

### 쏘이 쎄오 하노이 – 흐엉 박 (Xôi xéo Hà Nội - Hương Bắc)

102 Nguyễn Trường Tộ, Phường Minh An, Hội An, Quảng Nam

고소하고 짭짤한 찹쌀밥에 다양한 고명을 곁들여 먹으니 눈 깜짝할 새 한 그릇 뚝딱 해치우게 된다. 길거리 음식이기 때문에 위생을 걱정하겠지만 이곳 주인이 식재료들을 무척 깨끗하게 보관하고 있는 모습을 보면 안심하게 된다. 직접 만든 파테는 이곳의 자랑이므로 여러 고명이 얹어진 수엇 더이 두(suất đầy đủ)에 파테(pate)를 추가하도록 하자.

## 쏘이 히엔 (Xôi Hiền)

18 Lý Thường Kiệt, Thạch Thang, Hải Châu, Đà Nẵng 550000 베트남

다낭에서 오색의 아름다운 쏘이를 먹고 싶다면 단연 이곳을 추천한다. 다낭 시내에 자리 잡고 있어 위치도 좋거니와 맛도 무척 좋다. 여러 색으로 물들여진 쏘이를 예쁘게 담고 그 위에 햄을 비롯한 여러 가지 고명을 얹어주는데, 짭짤하고 고소하면서도 쫄깃한 찹쌀의 맛이 더해져 숟가락질이 절로 빨라진다.

• 든든하게 밥을 먹고 싶다면, 껌(Cơm)

외식문화가 발달한 나라의 특징은 집에서 요리하기엔 너무 더운 환경인 경우가 많다. 음식을 보관할 마땅한 곳도 없고 옛날엔 냉장고는 더더욱 없었을 테니 말이다. 따라서 큰 냄비로 끓여야 하는 음식이나 불에 구워 요리하는 음식들은 예부터 마을의 행사가 있을 때 다 같이 요리하고 다 같이 먹는 식이었다. 그렇다면 집에서는 무엇을 먹었을까? 지금도 그렇지만 베트남 가정에서는 밖에서 사 온 음식을 먹거나 집에서 밥을 해 먹는다.

생각해 보면 우리도 집에서 반찬과 함께 밥을 먹는 것처럼 베트남 사람들도 간단한 반찬과 함께 밥을 먹는다. 방식도 우리나라와 똑같다. 밥그릇을 제외하고는 모든 음식은 상 가운데에 놓고 나누어 먹는다.

관광객인 우리가 베트남 가정집에 초대받아 백반을 먹을 일은 흔치 않을 것이다. 손님을 후하게 대접하는 베트남 문화에서 손님에게 백반을 접대할 일도 거의 없을 테니 말이다. 때문에 베트남 현지인들이 먹는 백반이 궁금할 때는 껌빙전(Cơm bình dân)을 찾으면 된다.

껌(Cơm)은 쌀이라는 뜻이다. 쌀밥으로 만드는 음식에는 껌(Cơm)이 붙으니 면이나 쌀가루로 만든 음식을 뜻하는 반(bánh)과 구별할 수 있겠다. 빙전(bình dân)은 '대중'이란 뜻이다. 즉 꼼빙전은 우리가 흔히 생각하는 '백반 한 상'을 생각하면 된다. 거창할 것 없이 찬 몇 가지와 밥이 나오는 것이다.

백반 한 상이 심심하게 느껴진다면 껌 지엔(com chien)을 찾아보자. 지엔(chien)은 볶는다는 뜻이니 볶음밥이 된다. 제일 금방 찾을 수 있는 것이 중국식 웍 볶음밥인 껌 지엔 드엉 저우(Cơm chiên Dương Châu)이다.

베트남 쌀은 우리나라 쌀과 달리 찰기가 많지 않아 볶았을 때 정말 맛있다. 그 때문에 식당에 가서 음식을 시킬 때 꼭 빼놓지 않고 시키는 메뉴 중 하나이다. 실제로 베트남 음식은 양이 적어 몇 개를 시켜도 부족할 때가 많은데 껌 지엔을 하나 시키면 부족하지 않고 딱 좋다.

중부지방에서 추천하고 싶은 껌(Cơm) 음식으로는 후에(Huế)의 껌 헨(Cơm hến)이 있다. 후에뿐만 아닌 호이안과 다낭에서도 찾아볼 수 있다. 홍합을 넣고 시원하게 끓인 육수에 작은 조개(hến)와 함께 나오는 밥인데 풍미가 정말 끝내준다. 해산물 말고 담백하면서도 고소한 육수를 느끼고 싶다면 호이안의 명물 껌 가(Cơm gà)를 추천한다. 닭 육수에 강황을 풀어 밥을 지은 후 갓 지은 밥에 잘게 찢은 닭고기, 향채, 얇게 썬 파파야를 함께 올려 먹는다. 감칠맛 가득한 닭 육수가 함께 내어지는데, 이 육수를 껌 가에 조금 뿌려서 비벼 먹으면 풍미가 훨씬 좋아진다. 또한 아삭한 채소 덕분에 느끼하지도 않은 영양 만점의 한 그릇이다.

 쌀과 관련된 미식이 넘쳐나는 베트남이지만, 한국인의 밥심이 느껴지는 든든한 한 끼를 원한다면 껌(Cơm) 음식을 꼭 먹어보자.

• 든든하게 밥을 먹고 싶다면, 껌(Com) 169

• 추천 껌 맛집

### 1) 콴 까오 러우 발 레(Quán Cao lầu Bá Lễ)

49/3 Trần Hưng Đạo, Phường Minh An, Hội An, Quảng Nam

**껌 추천 메뉴: 껌 가(Cơm gà)**

닭 육수로 지은 밥은 이미 촉촉하지만 더욱 감칠맛 나게 먹고 싶다면 함께 나오는 닭 육수를 조금 뿌려 먹으면 된다. 신선한 향채들도 좋지만 특히 아삭아삭한 파파야, 당근, 양파가 더욱 향미를 돋운다. 양이 많지 않기 때문에 이곳 식당에서 가장 유명한 까오러우, 화이트 로즈와 함께 먹기를 추천한다.

## 2) 한 앤 켄(Hanh & Ken)

36 An Thượng 5, Bắc Mỹ An, Ngũ Hành Sơn, Đà Nẵng

**껌 추천 메뉴: 껌 스언(Cơm sườn)**

이곳에서는 다양한 종류의 베트남 음식들을 맛볼 수 있어 무엇을 먹을지 모를 때 이곳에 오면 좋다. 껌 스언은 밥, 갈비구이, 야채, 계란 후라이를 한 그릇에 담아내는 음식으로 우리나라의 백반 한 상처럼 생각하면 된다. 어디를 가도 실패하지 않는 음식이므로 다양한 곳에서 즐겨보자.

Part
06

# 여유를 즐겨보기

## • 베트남 커피 어떻게 즐겨야 할까?

베트남에서 커피를 일컫는 말 카페(cà phê). 커피를 카페라고 부르는 곳이 어디더라 곰곰이 생각해 보면, 그렇다. 바로 프랑스의 카페(café)다. 베트남의 커피 역사는 프랑스의 베트남 식민 지배와 역사를 함께 한다.

 베트남 중부 고원지대 지역에서는 아직도 프랑스식 주택들을 많이 볼 수 있는데, 덥고 습한 날씨를 피해 이곳에 자리 잡은 프랑스인들은 자신들의 필요에 따라 커피나무를 심기 시작했다.
 제일 처음 심은 커피나무는 아라비카 종이었다. 비옥한 토양과 기후는 커피나무를 재배하기 최적의 환경이었다. 특히 꺼우덧 지역에서는 부드러운 쓴맛과 고소함, 은은한 단맛이 나는 고품질 커피가 재배되었다.

 커피 재배는 곧 대규모 농장으로 이어졌고, 운송을 위한 기찻길을 내기 위해 위험한 노역을 해야 했다. 그 과정에서 희생된 베트남 노동자들도 많이 있었으니, 베트남 커피 역사에 있어 뼈아픈 일이 아닐 수 없다.
 이러한 대규모 농장들은 베트남 중부 고원지대를 중심으로 커져 나가기 시작했으며 이곳을 하이랜드(highland)라 불렀는데, 현재 베트남 최대 커피 프랜차이즈 이름이 '하이랜드'임을 생각하면 그 이름에 고개가 끄덕여진다.

현재 베트남은 최초로 재배했던 아라비카 종이 아닌 로부스타 종을 대부분 재배하고 있다. 심지어 베트남 커피 생산량의 90% 이상이 로부스타 종이며, 이는 세계 2위 커피 원두 수출로까지 이어지고 있다.

베트남에서 로부스타 종을 재배하는 까닭은 아라비카종과 비교해 병충해에 월등히 강하기 때문이다. 이는 고함량의 카페인 때문인데, 아라비카 커피의 카페인 함량이 1.4% 이상 넘지 않는 데 비해 로부스타는 1.8~4.0%까지 카페인을 함유하고 있다. 또한 로부스타는 다른 커피 종보다 생산되는 채취 양도 많은 편이고 고온다습한 환경에서도 잘 자라므로 경제적으로 효율성 있게 재배하기 좋아 베트남에서는 로부스타 종을 대부분 재배하게 된 것이다.

경제적 이유로 로부스타를 선택하기는 했지만, 베트남에도 희귀하고 특별한 커피 원두가 있다. 바로 족제비 커피 '카페 쫀(cà phê chồn)'이다.

한국에서는 '위즐 커피(Weasel coffee)'라고 잘 알려져 있고 베트남에 오면 기념품으로 사 가는 품목 중 하나이다.

족제비 커피는 세계에서 가장 비싼 커피라고 알려진 '코피 루왁'과 생산 방식이 같다. 코피 루왁은 인도네시아의 긴 꼬리 사향고양이가 잘 익은 커피 열매만 골라 먹고 난 뒤 대변을 보았을 때 커피 씨가 배출되는 것을 채집해 여러 공정을 거쳐 가공하여 만들어진다. 족제비 커피도 마찬가지로 베트남 중부 고원지대의 야생 족제비가 먹은 커피 열매를 대변으로 배출한 것을 가공한 것이다. 현재는 사육장을 이용해 생산하고 있다. 언뜻 생각하면 왜 그런 원두를 채집해서 먹는 것일까 이해가 가지 않지만, 커피 열매가 위에서 소화되는 과정에서 생기는 발효로 인해 특별한 향이 더해지므로 최상품 커피 원두로 자리 잡게 된 것이다. 실제로 베트남에서 마시는 일반적인 커피 한 잔 값보다 열 배가량 비싸다.

로부스타는 쓴맛이 거칠고 단맛이 적다. 쓴맛이 강한 이유는 고함량의 카페인 때문이다. 이 때문에 로부스타 원두는 전 세계적으로 인스턴트커피를 만드는 데 쓰인다. 로부스타 특유의 씁쓸한 맛은 베트남 사람들도 견디기 힘들었는지, 커피에 연유를 넣어서 마시는 카페 쓰어(Cà phê sữa)가 베트남 커피를 가장 대표한다고 할 수 있다. 쓰어(sữa)는 연유 혹은 우유라는 뜻인데, 커피 드리퍼인 핀(phin)에서 내린 커피를 연유와 함께 섞어 마시는 것이다. 지금은 우유를 섞어서 마시는 곳도 많지만 잘 상하지 않고 달달한 연유를 베트남 사람들은 더 선호하기 때문에 카페 쓰어(Cà phê sữa)라는 이름은 연유 커피를 말한다고 보면 된다. 우리가 익히 아는 카페 라테는 카페 박씨우(Cà phê Bạc xỉu)이다. 카페 박씨우는 우유와 연유가 들어가 있어서 달달하다.

커피 메뉴를 읽다 보면 반복적인 글자들이 나오는데, 읽는 방법은 다음과 같다.

농(nóng)이 들어가면 뜨거운 것, 다(đá)가 들어가면 차가운 것이다. 그러니까 카페 쓰어 다(cà phê sữa đá)는 아이스 연유 커피이고 카페 쓰어농(cà phê sữa nóng)은 따뜻한 연유 커피가 된다.

다음은 무엇이 들어가느냐에 따라 읽기 방법이다. 덴(đen)은 검다는 뜻이라서 카페 덴(cà phê đen)은 블랙커피가 된다. 즉, 아이스 블랙커피는 카페 덴 다(cà phê đen đá), 따뜻한 블랙커피는 카페 덴 농(cà phê đen nóng)이다.

코코넛 커피

에그 커피

베트남 커피 하면 빼놓을 수 없는 커피 중 하나로 코코넛 커피가 있다. 코코넛은 즈어(dừa)라고 한다. 그러면 카페 즈어 다(cà phê dừa đá)는 아이스 코코넛 커피, 카페 즈어 농(cà phê dừa nóng)은 따뜻한 코코넛 커피가 된다. 한국인들이 좋아하는 코코넛 커피는 꼿 즈어 카페(cốt dừa cà phê)인데, 코코넛 밀크 커피 스무디이다.

위에서 말한 커피 외에도 한국인들이 좋아하는 또 다른 베트남 커피로는 에그 커피와 소금 커피가 있다. 에그 커피는 카페 쯩(cà phê trứng), 소금 커피는 카페 무오이(cà phê muối)라고 한다.

에그 커피는 달걀을 휘저어 거품을 낸 커피이다. 프랑스 식민 지배 시절 구하기 힘든 우유 대신 달걀을 이용해 만들어진 커피로서 1946년 하노이(카페 지앙 Cafe Giang)에서 처음 만들어진 뒤 전국적으로 유명해진 커피가 되었다.

스타벅스처럼 베트남에도 고유 커피 체인이 있다. 가장 유명한 곳은 하이랜드(Highlands Coffee), 쭝 응우옌 레전드(Trung Nguyên Legend Café), 푹롱 커피 앤 티(Phuc Long Coffee & Tea), 더 커피 하우스(The coffee house) 등이 있다. 한국인들에게 인기가 많은 콩 카페(Cộng Cà Phê)도 인기 체인 커피숍이다. 이 체인점들은 다낭에서도 찾아볼 수 있다.

가장 많은 체인을 보유하고 있는 곳은 단연 하이랜드(Highlands Coffee)이다. 2000년도 하노이에서 시작된 커피 브랜드인데 베트남 전통 드립 방식인 핀을 이용한 커피 핀 쓰어 다(phin sữa đá)가 대표적인 메뉴이다.

더 커피 하우스(The coffee house)는 커피로 만든 아이스 큐브를 넣어주어 끝까지 진하게 마실 수 있는 커피로 유명해졌다. 호찌민과 하노이만큼 많은 점포 수는 없지만, 다낭에서도 다섯 개의 점포를 가지고 있다.

쯩 응우옌 레전드(Trung Nguyên Legend Café)는 한국인이 많이 사 오는 기념품 중 하나인 G7을 만드는 곳이다. 레전드 커피가 유명하고 고급스러운 인테리어가 눈길을 끈다.

푹롱 커피 앤 티(Phuc Long Coffee & Tea)는 티(Tea)가 더 유명하다. 베트남 남부에 체인이 많이 있으며 다낭에는 세 개 지점이 있다. 복숭아 차와 밀크티가 유명하다.

콩 카페(Cộng Cà Phê)는 코코넛 커피를 사랑하는 한국인들의 사랑에 힘입어 유명해지기 시작했다. 빈티지한 인테리어도 인기에 한몫했다.

• 베트남 커피 어떻게 즐겨야 할까? 185

## • 커피 말고 티 즐기기

중국과 가까운 지리적 영향으로 오랜 교류가 있어 왔던 베트남은 11세기부터 차를 즐겨왔다. 지금은 베트남 시내 어디를 둘러보아도 차보다는 커피를 판매하는 곳이 훨씬 더 많지만 말이다. 만일 프랑스의 베트남 식민 통치 시기, 프랑스가 눈독 들이던 차 재배 대량 생산이 베트남에서 성공했다면 오늘날 베트남은 커피 왕국이 아닌 차 왕국이 되었을지도 모를 일이다.

프랑스 식민 지배 시기인 1880년대부터 베트남에서는 대규모로 차 생산이 시작되었고 하노이 북서부 지역에 최초의 차 농장을 설립하였다. 프랑스가 베트남에서 차 대신 커피를 선택하게 된 이유는 무엇일까? 그 이유는 바로 차 생산량이 적고 저품질이었던데다 차를 덖는 가공 기술도 발달하지 못하였기 때문이다. 때문에 대규모 고원에 차나무 대신 커피나무를 심어 지금의 커피 왕국으로서의 베트남이 만들어졌다.

커피농장만큼은 아니지만 커피 농장과 더불어 만들어지기 시작한 차 농장 덕분에 이전과 달리 대규모 차 생산을 이룰 수 있게 되었고, 현재는 세계에서 다섯 번째로 큰 차 수출국이 되었다.

베트남에서도 우리가 흔히 아는 녹차(짜산, Trà xanh), 우롱차(짜오롱, Trà Ô Long), 홍차(짜덴, Trà đen) 등을 많이 볼 수 있고 또 즐길 수 있다. 하지만 베트남에서 가장 유명한 차는 단연 연꽃차(Trà sen, 짜센)이다.

연꽃은 우리나라 무궁화처럼 베트남을 상징하는 꽃이다. 연꽃 하면 맑은 향을 떠올리게 되는데, 이런 연꽃의 맑은 향을 차에 입힌 것이 바로 연꽃차이다. 향을 입히는 방법이 매우 독특한데 덖어내어서 향을 입히는 것이 아닌, 연꽃 속에 녹차를 넣고 꽃잎을 잘 감싼 뒤 향이 배이도록 하는 방법이다. 연꽃차가 가장 유명한 곳은 하노이이며 특히 호떠이(hồ Tây)의 연꽃차가 최상의 품질로 꼽힌다.

달랏 지역의 아티초크 차도 빼놓을 수 없는 베트남 특산품이다. 프랑스 식민지 시절 들여온 국화과 식물인 아티초크는 유럽에서 튀기거나 구워서 먹는 고급 식재료이다. 따뜻한 환경에서 잘 자라는 아티초크를 고원지대인 달랏에서 키우기 적합했기에 이곳에 대량 농장을 만들게 되었고 이는 지금까지도 이어져 내려와 매년 11월이면 달랏 아티초크 축제가 열릴 만큼 유명해졌다. 그렇지만 역시 베트남 사람들에게 가장 일반적인 차는 녹차이다. 베트남에서 가장 유명한 녹차는 타이응우옌(Thái Nguyên)에서 재배되는 녹차이며 가장 고품질의 차를 생산하고 있다. 이 지역은 높은 산으로 둘러싸인 곳이라 연평균 기온이 22~23도를 유지하여 차 재배에 적합하며, 충분한 수원이 있어 차 재배를 용이하게 해준다.

## • 커피 말고 무엇을 즐길 수 있을까?

(좌) 신또  (우) 느억미아

### 1) 신또(sinh tố)

베트남의 과일 스무디다. 믹서에 얼음, 과일, 연유를 넣어서 갈아 만드는데 다양한 과일을 넣어서 만든다. 망고, 바나나, 패션프루트 같은 과일부터 두리안까지도 넣어서 만든다.

### 2) 느억미아(nước mía)

사탕수수로 만든 음료이다. 주로 길거리에서 흔하게 볼 수 있으며 어디를 가도 느억미아를 파는 노점이 있을 정도로 많다. 설탕의 원료인 사탕수수답게 단맛이 나는 음료인데 은은한 단맛이 나는 음료이기 때문에 부담 없이 마실 수 있다.

## 3) 쩨(Chè)

베트남 전통 빙수이다. 삶은 팥, 콩, 연꽃 씨앗 등을 코코넛 밀크에 넣고 얼음을 넣어 시원하게 만들어 준다. 끈적끈적한 점액질이라서 처음에는 거부감이 생길 수 있지만, 적당히 달달하면서 고소한 맛이 일품이라 일단 맛을 보고 나면 술술 들어간다. 메뉴판에 메뉴가 여러 개 쓰여 있다면 텁 껌(thập cẩm)이라고 쓰여 있는 걸 시키면 된다. 혼합이라는 뜻인데 여러 재료를 섞어 주는 메뉴이다. 아이들도 좋아하고 거부감 없이 먹을 수 있는 쩨 메뉴로는 옥수수가 들어간 밥(bắp)을 추천한다. 과일이 들어간 상큼한 쩨를 먹고 싶다면 과일이란 뜻의 호아 꽈(hoa quả)를 시키면 된다.

## 4) 코코넛 젤리(탁으 즈어 thạch Dừa)

덥고 습해서 땀을 많이 흘리게 되는 베트남 여행에서 코코넛은 작은 오아시스와 같다. 여행 중 무더위로 지쳤을 때 시원한 코코넛을 마시면 좋다. 고소하고 시원한 코코넛 물에는 전해질도 함께 있어서 피로가 가시고 정신이 번쩍 든다. 코코넛을 즐길 때 꼭 함께 즐기면 좋은 것이 코코넛 젤리이다. 자극적이지 않고 고소한 코코넛 젤리는 더위를 잊게 하는 또 다른 별미이다. 너무 물렁거리지 않고 적당히 단단해서 식감도 좋고 맛있다.

## 5) 껨(kem)

아이스크림을 뜻하는 껨은 코코넛 베이스로 만들어진 아이스크림이 가장 많다. 특히 아이스크림과 찰밥이 함께 나오는 껨 쏘이(Kem xôi)는 베트남만의 특색있는 아이스크림이므로 한 번 먹어볼 만하다. 요즘 베트남에서 가장 유행하는 아이스크림은 아보카도 아이스크림인 껨 보(kem bơ)이다. 잘 익은 아보카도를 뭉개서 스무디를 만든 뒤 아이스크림을 얹어 섞어 먹는데 무척 맛이 좋다.

# 다낭 추천 카페

### 1) 즈어 벤 쩨 190(Dua Ben Tre 190)

190 Bạch Đằng, Phước Ninh, Hải Châu, Đà Nẵng

한강과 용다리가 내려다보이는 전망 좋은 과일 카페. 이곳에서 가장 인기 있는 메뉴는 단연 코코넛 젤리이다. 향긋하고 고소한 코코넛 향과 부드러우면서 쫀득한 식감의 코코넛 젤리는 자꾸자꾸 생각나는 마성의 맛이다. 에어컨은 없지만 강바람이 불어와 시원하다. 가게 문을 일찍 닫기 때문에 일찍 방문하는 것이 좋다.

## 2) 43 팩토리(43 Factory Coffee Roaster)

422 Đ. Ng. Thì Sĩ, Bắc Mỹ An, Ngũ Hành Sơn, Đà Nẵng

높은 천정에 통유리로 된 건물은 탁 트인 개방감과 함께 깔끔하고 시원한 느낌을 준다. 이곳은 최상의 커피를 제공하기 위해 커피 랩을 따로 운영하고 있으며, 그날그날 자가 로스팅한 원두로 최상의 품질과 맛의 커피를 만들어 내고 있다. 실내도 매우 시원하고 직원들도 친절해서 여행 중간에 쉬어가기 최상의 장소이다.

### 3) 끄어 응오 까페(Cửa Ngõ Cafe)

4 Trần Bạch Đằng, Phước Mỹ, Sơn Trà, Đà Nẵng

이국적인 포토존으로 유명해졌지만, 다양한 음료를 즐길 수 있고 깨끗하고 시원해 늘 인기가 많은 까페이다. 관광지에 있지만 상대적으로 가격이 저렴하다. 사람들이 많아 서빙이 느린 편이고 기다려야 하기 때문에 점심 시간 이전에 가는 것을 추천한다.

• 호이안 추천 까페

### 1) 더 힐 스테이션(The Hill Station Deli & Boutique)

321 Nguyễn Duy Hiệu, Cẩm Châu, Hội An, Quảng Nam

판시판(Fansipan) 산에 사는 소수 민족의 문화와 음식을 전하기 위한 레스토랑이며 사파, 하노이, 호이안 이렇게 세 군데에 있다. 외관이 특히 아름다운데 저녁에 가면 더욱 감탄을 자아낸다. 내부 인테리어도 앤틱한 멋을 풍긴다. 핀(pin)에 내려지는 베트남식 커피를 맛보며 고즈넉한 분위기를 즐겨보자.

## 2) 카페 파이 포(Cafe Phai Phố)

130 Trần Phú, Old Town, Hội An, Quảng Nam

호이안 구시가지를 한눈에 볼 수 있는 멋진 전망의 루프탑이 인기이다. 사진 찍기는 최적이지만 너무 덥기 때문에 자리는 2층에 맡는 것이 좋다. 올드타운 건물의 문화재 보호를 위해 에어컨을 설치할 수 없어 무척 더우니 낮시간에는 피하도록 하자. 코코넛 커피가 가장 유명하며 관광지답게 가격은 비싼 편이니 감안하도록 하자.

### 3) 엘리 까페(Ellie's Cafe Hoi An )

11/4 18 Tháng 8, Phường Cẩm Phổ, Hội An, Quảng Nam

사람도 거의 없는, 골목 깊숙이 찾아가야 하는 곳이지만 까페에 들어서는 순간 북적이는 사람들을 보면서 의아함을 느끼게 되는 곳이다. 메뉴들이 한결같이 조화로운 색상으로 플레이팅 되어 있어 한 폭의 그림을 보는듯하다.

건강함을 지향하는 까페답게 과일 스무디와 과채를 이용한 주스 메뉴가 인기이다.

## 4) 리칭아웃 티 하우스(Reaching Out Teahouse)

131 Trần Phú, Old Town, Hội An, Quảng Nam, 베트남

어두운 조명, 아무도 말하지 않는 조용한 실내에 고개를 갸웃거리며 들어서게 되는 이곳은 청각장애인들을 고용하여 운영되는 사회적기업의 까페이다. 메모와 나무 조각에 쓰인 전달 단어로만 소통하는데, 처음에는 무겁게 느껴지지만 침묵이 주는 고요 속에서 어느새 편안함을 느끼게 된다. 이곳의 주메뉴는 차(tea)이지만 커피도 있다. 영어 메뉴에 설명이 잘 나와 있으므로 차 종류를 잘 몰라도 주문하는 데 큰 어려움이 없다

# 출처

-재료로 보는 베트남 음식의 특징

25p 쌀국수를 만드는 모습 Yves Yoseph from Pixabay

27p 젓갈 발효 통 Phu_quoc_fabication_de_nuoc_mam from wikimedia

-중부 대표 도시 다낭, 호이안, 후에 지방 음식의 특징

29p 반쎄오 Image by Quynh Ho from Pixabay

-베트남 메뉴판 읽기

44p 반호이 Memberofc1 from wikimedia

-겉은 바삭 속은 촉촉한 반미

131p 반미 Tri Le from Pixabay

-든든하게 밥을 먹고 싶다면, 껌

166p 껌빙전 Nghĩa Phạm from Pixabay

-베트남 커피 어떻게 즐겨야 할까?

178p 커피 원두 jcomp from Freepika

- 커피 말고 티 즐기기

186p 찻잎 highnesser from pixabay_

189p 아티초크 from freepika